一生安心したいから「大人女子、投資始めます」

さわかみ投信創始者
澤上篤人 著

主婦の友社

大人女子、投資始めます

はじめに

この本を手に取ってくださった方々は、今の暮らし、そして自分の将来に大きな不安を抱えているのではないかと思います。

ついこの間までは、物の値段は安くなるのが普通だったのに、現在はどうでしょうか。生活に必要な食品や光熱費、その他もろもろ、あらゆるものの価格がどんどん上がっている、物価高の社会です。

一方で、毎月の給料はなかなか上がりません。さらに年金や税金、介護保険料などで、支払わなければならない金額は増えていきます。そして少子高齢化は猛烈に進んでいます。

この先の日本はどうなるんだろう。年金はもらえるのか。自分は、そして家族は無事に暮らしていけるのだろうか。将来がまったく見えないという不安が、のしかかっているのではないでしょうか。

昨年来、「新NISA《ニーサ》」という言葉が飛びかっています。お金の不安に対して、日本政府もいろいろと考えたのでしょう。国の年金だけでは心もとないから、国民に投資をすすめて、自分で自分の年金をつくってほしいということなのです。

それで、株式投資などで利益が出ても一定の範囲内であれば税金はかかりませんよという、ニンジンをぶら下げてくれたわけです。

普通は、投資で上げた利益に対しては、約20％の税金が課されます。その税金をゼロにするというのだから、国のほうも国民の投資促進に向けて、かなり本腰です。


とはいえ、**ほとんどの人が「投資」なんかやったことはありません。**証券会社に口座をつくったことのない人も多いでしょう。

「いったいどうしたらいいんだろう」

そこで立ち止まってしまう。不安でいっぱいになってしまう。取り残された気持ちになる。かといって、投資やお金の話を誰に相談したらいいのかわからない。

大勢の人がそんな状態で悩んでいるのではないでしょうか。

それならば、銀行や郵便局に行く、またはファイナンシャルプランナーに相談すればいい。そして、言われたままのことをやれば、安心の長期投資ができるということでしょうか。残念ながら、それは大きな間違いです。

あちらは、自分の商売がうまくいけば、それでよしなのです。読者のみなさんが銀行や証券会社の窓口に出かけて、「長期投資をしたいのだけど」などと相談すれば、それこそ待ってましたとニコニコ顔で迎えてくれます。

ですが、その優しい笑顔の裏には、彼らの商売があります。

つまり、金融機関やファイナンシャルプランナーの望む「手数料商売」に乗せられて、みなさんは余分な手数料をたくさん支払うことになるのです。

別に証券会社や銀行などの営業が悪いわけではありません。彼らは商売として、おすすめ商品を熱く営業しているだけです。

いけないのは、金融の売り子にすぎない彼らや、金融機関に所属しているファ

イナンシャルプランナーに、つい相談してしまうことです。ここが、本格的な長期投資を目指す私たちにとっては、一番心配のタネなのです。

私は52年あまり、世界を舞台にして長期投資の仕事をしてきました。いろいろな経験を重ねてきましたが、その間ずっと**「長期投資って本当にいいものだ」**と、つくづく実感してきました。

ここでいう「長期投資」とは、銀行や証券会社の営業がおすすめする商品を買うことではありません。まったく異なる「別もの」なのです。

詳しい話は、本書でたっぷりとお伝えしますが、**長期投資というスタンスに立って「お金の話」をすると、自然と「生き方の話」になっていきます。**

儲けたいとか、お金を増やしたい、そういった意識にとらわれていた自分が、びっくりするほど変わっていくのです。

それよりも、何を不安に思っていて、どうやったら不安を解消できるのか。自分はどうやって生きていくのか。どんな社会の中で生きたいのか。そんなことを積極的に考えるようになるのです。

そう、お金にとらわれる気持ちが、きれいさっぱり抜けてしまう。そんなことよりも、「人間として、どう生きていくか」を重視した価値観が、静かに大きくなっていきます。

お金の本、投資の本は世の中にたくさんありますが、本書では長期投資のもっとも基本的な考え方をお伝えします。**これさえ正しく身につけたら、ほかに特別な金融知識などまったく必要ありません。**

経済の本など、読む必要もないでしょう。毎日の生活で稼いだり、お金をつかったりしていますが、経済の専門知識の必要性は感じませんよね。それと同じです。長期投資はすごくシンプルなもので、私たちの日常生活の中に、まるで歯みがきをするような形で自然とついてきます。

本当の長期投資を人生の伴侶にしたら、これほど楽しく、心強いものはありません。しかも日常の生活を大切に生きている大人女子のみなさんにこそ、長期投資は理解しやすい世界なのです。

というより、**長期投資はむしろ大人女子のみなさんにこそピッタリくるものなのです**。私の半世紀あまりの経験を通して確信しています。

私はこれから一般的なお金の本とは、まったく違う話をします。最初はびっくりするかもしれません。が、ぜひ面白がってついてきてください。

読み終わったときには、すっかりマインドセットが変わってしまっている。みなさんの新しい人生が始まる。きっと、そうなってくれると信じています。

もくじ

はじめに …… 02

第1章
投資をする前に、必ず知っておきたい3つのこと

投資をしたほうがよい、という本当の理由 …… 16
● 賢い大人女子は2本の足で働く …… 18
● お金がしっかり働いてくれます …… 20
● お金目当ての生き方はしない …… 22
● 残念ですが日本にはまともな投資運用がなかった …… 24
● 信頼できる投資方法があります …… 25
● 誰がやってもよい結果が出る投資ってありますか？ …… 27
● なんだかわからないもの、ややもやしたものは一切買わない …… 29
● 無駄な大きな出費してませんか？ …… 31

Contents

● 大人女子が持っている間違いない選択眼をつかう …… 32
● わけのわからないものへの投資はストレス …… 34
● 長期投資に向けて再スタート …… 36
大人女子 投資のまとめ …… 39

第2章 大切なお金を置いておく場所を学ぶ

預貯金に置いておくのはダメ …… 42
● 銀行だから安全というわけではない …… 43
● 預貯金より安全なお金の保管場所 …… 45
● 投資信託ってなんですか？ …… 46
● 少額からスタートできる便利な投資商品 …… 48
● 利点が多い投資信託 …… 49
● まだまだある投資信託の大きな利点 …… 51
● 株式ってなんですか？ …… 53
● 企業と生活者は切っても切れない関係 …… 54

好きな企業の株を買って応援するだけ……55
安値で買った株を高値で売ればOK……57
信託財産として置く……59
株や投資信託を売ったお金も全額守ってもらえる……60
新NISAは本当におトクなの？……61
特定口座は値上がり益に税金がかかる……62
現金化したときに非課税の利点が……63
大人女子 投資のまとめ……67

第3章 ちゃんとした投資信託を買う

新NISAで買える投資信託が2000本以上あるワケ……70
オススメの新商品が実はダメな理由……71
人気ランキングで選ぶことは危険……73
大流行のインデックスファンドは本当に大丈夫？……74

Contents

● インデックスファンドの運用成績には要注意 …… 77
● 巨大な年金マネーが世界市場を支えている …… 78
● 株価が上がるからインデックス運用も盤石に …… 80
● インフレ発生が世界経済の潮目になる …… 82
● インデックスファンドの冬の時代がやってくる …… 84
● アクティブ運用の投資信託（ファンド）をおすすめする理由 …… 86
● アクティブ運用の投資信託は実体経済が支えている …… 87
● 投資信託の運用会社をチェックしよう …… 89
● 独立系運用会社が安心できる理由 …… 91
● 結局、どんな投資信託を買えばいいの？ …… 94
● 長くつきあえる投資信託を見極めよう …… 95
● 時間の力で資産を育てていく …… 96
● もっとも重要なのは投資をする時間 …… 98
大人女子 投資のまとめ …… 101

第4章

株式投資に挑戦してみよう

株式投資の原点は「応援」の気持ち …… 104
●企業を楽しく「推し活」しよう …… 105
●応援企業の株価暴落を止めることができる …… 107
●本物の長期投資家の資産がいつの間にか増えてしまう理由 …… 111
●少しずつ株を売って利益を受け取ろう …… 112
●どの企業の株式を買ったらいいの？ …… 114
●ワークのやり方 …… 115
●消費者の目線で企業を見ていく …… 117
●じっくりと待つのも大切な投資 …… 121
●年初来安値で買ってみる …… 122
●株を買ったらリズムよく売るのも大事 …… 123
●投資で儲かったら次の機会をゆっくり待つ …… 125
●投資企業の様子は日ごろからチェックする …… 126
●生活者株主になってよりよい社会を創っていく …… 128

Contents

● 暮らしを支える存在を守ることができる …… 130
● 20年、30年の未来を見据えて …… 131
大人女子投資のまとめ …… 133
コラム　体験談 …… 134

大人女子のリアルなお悩み解決Q＆A

● 投資のためのお金が足りない！ …… 146
● 保険・医療費・住宅はどうする？ …… 152
● 投資信託をどう活用する？ …… 160
● 株式投資に挑戦してみたいのですが …… 164
● 株式投資を実践してみよう …… 169

大人女子のこっそり目標ノート …… 176

おわりに …… 186

第1章

投資をする前に、必ず知っておきたい3つのこと

これからの大人女子に欠かせない
投資の世界への旅を始めましょう。
「本当の投資」は暮らしの延長にあるので、
難しいことは、ひとつもありません。
自分もしっかり働きながら
長期投資でゆったりと資産を育てましょう。

投資をしたほうがよい、という本当の理由

この本を書き始める前、20代から50代くらいまでの大人女子のみなさんと話をして、お金に対してどんな心配ごとを抱えているのか聞いてみました。

「毎日、仕事が忙しいから、お金は普通に預貯金しているだけ。なんとかしたいと思っているけど、よくわからないからそのままにしている」

こういう人がたくさんいました。**つかわないお金は、とりあえず預貯金口座に入れている。でも心の中では「なんとかしないといけない」という気持ちがあるのです。**

この感覚はとても正しいです。

今の時代、自分の給料だけで生活を支えて、老後までやっていけるのかどうか。物価や税金は上がっても給料は上がらないですし、今後の日本に1970年ごろに起きたような高度経済成長時代はやってきません。

1970年ごろの高度経済成長期というのは、毎年、黙っていても給料が上がり、定年まで終身雇用に守られていました。定年後も会社が2番目、3番目の就職先を紹介してくれるので、給料は減るにしても、ずっと働く場は用意されたのです。

女性なら専業主婦になって子育てをし、子どもがある程度成長したら、扶養の範囲内でパートなどをしてお小遣いを稼いでいました。メインの家計は夫の稼ぎで十分に回していけるので、それなりの生活をエンジョイできたのです。

また当時は現役世代7~9人で1人の高齢者を支えるような人口構成でしたから、年金も万全でした。

ところが、今はどうでしょうか。終身雇用は崩壊しつつあり、給料は上がらず、現役世代2人で1人の高齢者を支える超高齢社会です。**そんな成熟経済になった日本では「長期投資」をしたほうが絶対にいいのです。自分の身は自分で守る。**


年金には頼れない。老後資金は自分で用意しなければいけない。若い世代の人は、そのあたりを自然と理解しているのだと思います。

✿賢い大人女子は2本の足で働く

では具体的にどうしたらいいのか。

自分の人生は右足と左足、2本の足で、しっかりと歩いていく。そんなイメージを、ちょっと頭に浮かべてください。

右足の働きは、もちろん毎日「働く」ことです。自分自身がしっかりと働いて、日々、生活費を稼いでいく。会社員、パート・アルバイト、フリーランスなど、さまざまな働き方がありますが、ともかく、しっかりと働くことです。

社会の中で働いて、人の役に立つ。すると、その報酬としてお金を得ることができます。それが人間社会では当たり前のことで、自分で自分の生活をつくっていく基本です。読者のみなさんも、毎日、頑張っていることと思います。

では、もう片方の足は何をするのか。

自分が稼いで生活してきたけれども、今すぐにはつかわない余分なお金があるでしょう。**そのお金にも働いてもらう。これが左足の働きです。**

「お金が働いてくれるって、どういうこと？」

そんな疑問がわくと思います。ではここで、実際にお金がどうやって働いてくれるのか、短くまとめてみます。

お金がしっかり働いてくれます

あなたの手元には、今すぐにはつかわないお金があります。一方、事業を発展させたいから、ぜひとも資金が必要だと思っている企業があります。

あなたは自分のお金を、それらの企業に回してあげて、彼らの経営がうまくいくように支えてあげるのです。

具体的には株式を売買したり、本物の投資信託を買って長期保有したりすることですが、詳しくはあとの章で説明します。

応援したい企業のためを考えて、株式を買ったり売ったりしていると、ごく自然に投資収益が得られます。あなたが出資したお金がしっかりと働いてくれたの

ですね。

時間をかけて、これを繰り返すことで、お金は着実に増えていきます。高度成長時代ではないので急激に増えたりはしませんが、コツコツと増えます。これが

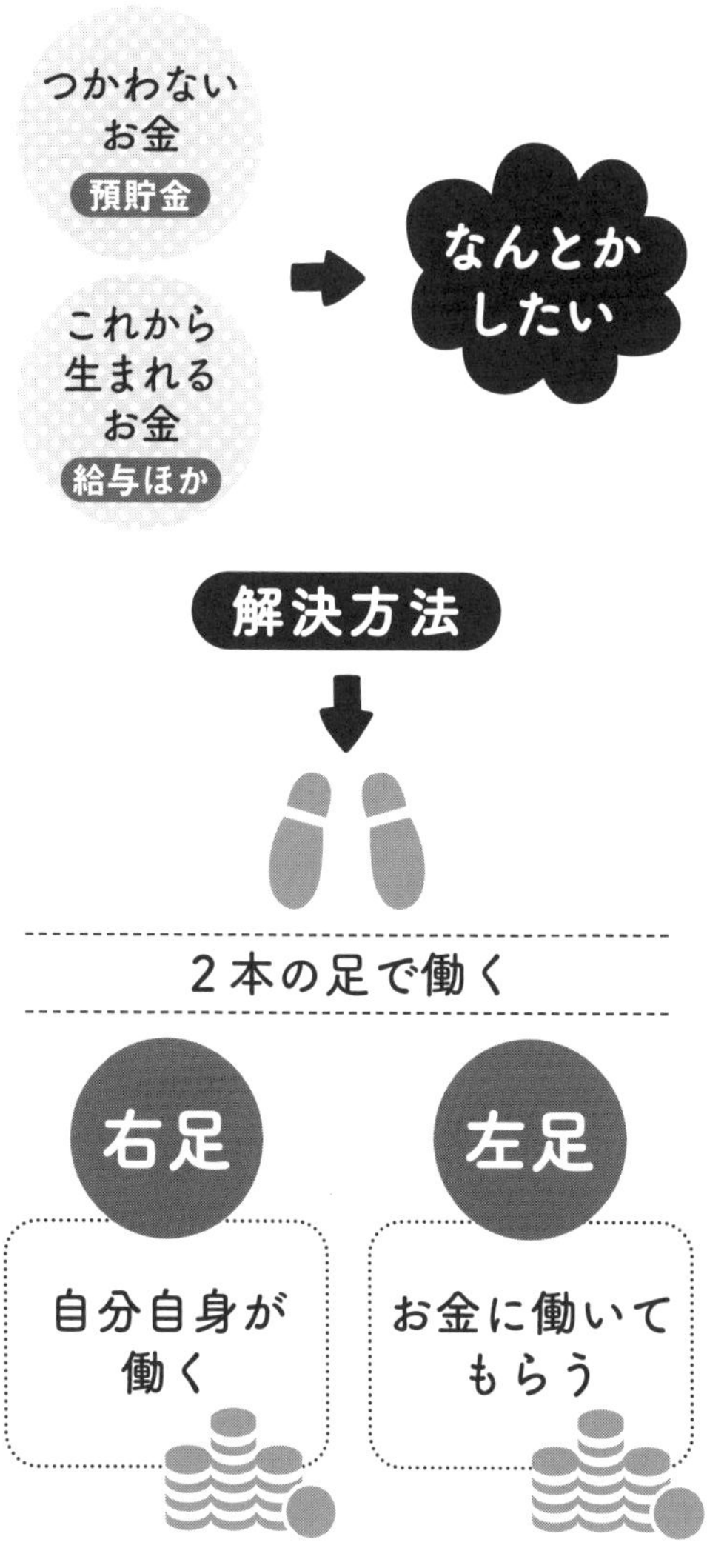

長期投資です。

右足の「自分の働き」と左足の「長期投資」とで、この日本社会を堂々と生きていく。これが、1番目にぜひ知っておきたいことです。

お金目当ての生き方はしない

「投資」という言葉を聞くと、突然、頭の中がヘンな方向に切り替わってしまう人がいます。

投資をすれば儲かる。楽して儲かる。大きく儲かる。すぐに儲かる。こういうやり方をしたら、もっと儲かるのではないか。

こういう発想は、すべて間違っています。

「今、50万円を渡してくれたら、半年後に100万円で返します」などと言われたら、それはウソだとすぐにわかると思います。ところが「投資」と言われると、「そんなこともあるかな？」と思ってしまう。

書店などに並んでいる投資関連の本にも、「こうやって1億円儲けた」とか「株式投資必勝法」といった、すごい話が載っています。そんな夢みたいな投資があれば、やってみたいものですが、すべて夢物語です。

「投資」は魔法でもなんでもないのです。長い時間をかけて、コツコツと続けるものです。

読者のみなさんも毎日、まじめに働いていると思います。しっかり働いて生活費を稼いでいくのが当たり前でしょう。パパッとすぐ儲かる話なんて、あるわけないのです。「すぐに、大きく儲かる」などという甘い言葉が出てきたら、それは詐欺だと思ってください。

普通に働いている人なら、生活者としての、ごく普通の感覚で長期投資に取り組めばOKです。ラクして儲かる方法はないのです。

✿残念ですが日本にはまともな投資運用がなかった

20～50代の大人女子のみなさんに投資について聞いたら、「投資をしたいけど、損をしそうで怖い」という意見も多く出てきました。そのときの心の動きは、ほぼひとつの方向を向いています。

うまい話に騙《だま》されたくない。失敗したくない。一円も損をしたくない。でも、できればトクをしたい。

儲けたいという欲がありつつ、なにか見えない恐怖に追われて、虎の子のお金を抱きしめているような雰囲気です。

こういう心境になってしまうのには、はっきりとした理由があります。**それは、これまで日本には、まともな投資運用がなかったことです。**本物の投資とか、その成果は、ほとんど誰も見たことがないのです。

その横で、日本の金融界は、切った張ったのバクチに近いものを延々と繰り広げてきました。とにかく「儲けたい」「お金を増やしたい」という人たちが、株式市場などのマーケットにドドッと集まって、短期間で売ったり買ったりしています。

そんなところに、投資初心者が出ていっても、うまくいくはずはないのです。はね飛ばされるだけです。しかも、彼らがやっていることは投資運用などではなく、「投機」です。

長期投資をしようとする人にとっては、まったくの別世界です。間違った世界へ迷い込んでしまわないように、よく注意しなければなりません。

これまで読者のみなさんは、そういった投資（投機）をやってこなくて、むしろ正解だったのです。

✿信頼できる投資方法があります

本当の長期投資というのは、そんなバクチ感覚とはまったく違います。

自分が好きな企業、応援したい会社を、長期投資という力で支えていく。その結果、自分たちの資産も増えるし、大好きな会社も元気に事業を続けられる。この循環をつくっていくのが長期投資なのです。

右足は生活のために頑張って働く。そして、左足はお金に働いてもらう。応援したい企業と一緒に、今、そしてこれからも自分たちが暮らしていく社会や生活環境をよくしていくのです。

私たちは、長期投資を続けていくことで、そういう魅力的な企業がたくさん頑張ってくれている豊かな日本社会を育み、その中で、安心して暮らしていけるのです。

これが、長期投資の基本的な考え方だということを、ぜひ最初に理解してほしいと思います。これが2番目の知っておいてもらいたいことです。詳しくは、あとの章でゆっくりと説明しましょう。

誰がやってもよい結果が出る投資ってありますか？

また長期投資を続けていけば、金銭的リターンはあとからついてくるというのもすごいところです。

どうしてそうなるのかは、第3章、第4章で詳しく説明しますが、**特別な能力が必要ということは一切なく、誰がやってもよい結果が出る確率が高いのです。**

基本的には「安く買っておいた株式などを、高くなるのを待ってから売る」という行動を取ります。

とにかく長期投資は地に足のついた考え方ですから、投資していても、焦りも恐怖もまったくないのが嬉しいですね。心は常に温かく、穏やかです。

そもそも、長期投資の基本姿勢が「応援」ですから、決してお金を追い求める銭ゲバ的な発想ではないのです。

お金を追い求める「投機」で頭がいっぱいな人たちは、「そんなのは夢物語だ」と言うかもしれませんね。でも、そんなことはありません。

過去の日本

まともな
投資運用
なかった

↓

初心者は
泣きをみる

これからの日本

好きな企業を
応援する
長期投資

↓

特別な能力がなくても
お金がついてくる

実際に、心温かいホッとする長期投資で立派な資産を築いている、ごく普通の日本人がだいぶ増えてきています。みなさんの長期投資の「先輩」たちです。

なんだかわからないもの、もやもやしたものは一切買わない

いろんなことが不安で、なかなか長期投資に踏み込めないという大人女子のみなさんが大勢います。その一方で、いろんな金融商品を買っている人が多いのは、ちょっと驚いてしまう話です。

買っているというよりも、買わされているといった感じかもしれません。

たとえば、日本人は保険が大好きです。将来が不安でいっぱいだから、その気持ちを少しでもやわらげるべく保険商品を買います。

さらに、掛け捨ての保険では損をした気持ちになるので、保険と貯蓄がセット

になった商品が人気です。不安の解消と「おトク感」がセットになっているというわけです。

でも、それが本当に長期的な資産づくりに有効なのでしょうか？

そもそも保険とは、もしものときに備えるものです。「もしも」というのは、非常に重大な局面で、大きな損失が出る場面です。

たとえば生まれたばかりの子どもを育てている若い夫婦がいたとします。その父親が亡くなると、これは非常に大きな損失です。一人残された若い母親だけでは、生活費や今後の養育費用を考えても、金銭的に相当厳しいはずです。

すでにたくさんの資産があるなら、保険は不要でしょう。ですが、貯蓄もあまりないという家庭なら、死亡保険は、もしものときにありがたいと胸をなでおろす備えになってくれます。

また地震大国の日本ですから、ローンがたくさん残っている新築の家やマンションに、地震保険を掛けるのも意味があるでしょう。

そういった、わかりやすい保険なら、もちろん契約するのはよいことですし、むしろ、絶対に必要です。いざというときの備えとしては、掛け捨てで毎月の掛金が安い保険商品で十分なのです。

✿無駄な大きな出費してませんか？

ところが、保険会社がすすめてくれるのは、いろいろなサービスをつけたものばかりです。いざというときの保障さえあれば十分なのに、余分なサービスにまでも、お金を払わされてしまう。

その結果、高い掛金になってしまっているのに、なんとも思わず毎月支払っているのです。**あれこれ投資をためらっているわりには、ひどく無駄な出費を続けている人が、日本には多すぎます。**

ちなみに、大人女子のみなさんが実際に契約している保険商品の話を聞くと、思わずのけぞってしまいます。複雑な貯蓄型の保険や、中には外貨建ての保険に入っている人などもいます。

「あなたの契約している保険は、どんな内容なんでしょうか？」と尋ねると、口ごもる人が少なくありません。よくわからないけど、保険会社の営業やファイナンシャルプランナーに、「これは、おトクだから入るといい」とすすめられるまま契約しているのです。

人によっては月々数万円も、よく理解していない保険商品にお金をつぎ込んでいます。そのお金が本当にもったいなくて、しかたありません。

✿大人女子が持っている間違いない選択眼をつかう

これから本格的な長期投資をしようという大人女子のみなさんには、ぜひ理解していただきたいことがあります。

いろいろな保険や投資商品の提案を受けても、**どんな相手にでも内容を正確に説明できるくらい、自分がしっかりと理解し、納得したもの以外は絶対に買わないことです。**

人にすすめられたから、なんだかよさそう、儲かりそうだから買うという行動は、長期投資にはありえません。

ここで、普段の買い物のときの行動を振り返ってみてください。

なんとなくよさそうだからと、試着もせずに高価なドレスを購入することは絶対にありませんよね。販売員に「きっとお似合いですよ」と言われても、賢い大人女子のみなさんは、あまり真に受けないでしょう。しっかり試着をして、自分の体にフィットするかどうかを確認するはずです。

続いて、値段と品質が見合っているかどうか厳密にチェックするし、場合によってはショップを何軒かハシゴして、もっとよいものがないかどうか商品比較をするかもしれません。

買い物の分野で、大人女子のみなさんは実に厳密で正確で、間違いのない選択眼を持っていますよね。

これから長期投資をやっていく際も、ぜひその能力を発揮してほしいのです。

✿わけのわからないものへの投資はストレス

投資がなんだか難しそうだと感じるのは、よくわからない投資信託とか、保険と運用を組み合わせたり、外貨に替えてみたりと、より複雑にした商品をすすめられ、言われるがままに買ってしまったからでしょう。

買ってみたけど納得できなかったり、損をしたりという経験も影響を与えているかもしれませんね。それで、投資は難しいという思いを高めてしまう。

ひとつだけ、はっきりしているのは、そういった契約を結ぶと、証券会社や銀行、保険会社に相当額の手数料を支払うことになるということです。つまり、彼らの手数料稼ぎビジネスに大貢献しているのです。そのことを再確認する必要があります。

とにかく、**ややもやとして、よくわからないものは絶対に買わない。もし買ってしまったなら、傷口が広がらないうちに、すぐ手放しましょう。**

「え、今、解約すると損をするから、ムリです」

そんな声が聞こえてきます。でも、わけのわからないものに自分の大切なお金を入れておいて、すっきりと見晴らしのいい生き方ができるでしょうか？

たとえば、証券マンの営業トークに乗せられて、「今すごい人気です。儲かりますよ」とすすめられた株式を買ったとしましょう。

ところが、買ってすぐに株価が大きく下がり始めてしまいました。「しまった、失敗した」と悔やんでも、あとの祭りです。

そこから、苦しい悩みが始まります。

「どうしよう、今売ると損が出てしまう」

「かといってこのまま持っていても、株価はどんどん下がっている」

そんな話が、多くの投資家の間では日常茶飯事です。塩漬けという状態です。

✿長期投資に向けて再スタート

ここは思い切って、やり直しをしましょう。そもそも「儲かりそう」で飛びつき買いしたところから、長期投資家らしくない行動をしてしまったのです。

そう、今すぐに解約しましょう。それで70万円損をして、手元に30万円残ったら、それがあなたの今の財産です。明日から、この30万円を元手に、もう一度、人生の絵を新しく描いていくのです。

もちろん、この瞬間からは、自分の人生は絶対に人まかせにせず、自分でしっかりと判断し、自分で決める。特にお金はとても大切なものだからこそ、人まかせにしない。それが、これからの日本社会を生きる人の基本です。これが3番目

わけのわからない出費

ストレス

↓

早くおさらばするのが Good

長期投資への出費

ストレスフリー

↓

将来への安心につながる Very Good

に知っておいてもらいたいことです。

それでは、将来のためにどうやって資産づくりをしたらいいのか。やはり**本物の長期投資にしか、その道はありません。**

長期投資は、信頼と応援という温かな感情と確かな関係の中にじっくりと育っていきます。一朝一夕にはできないけれど、時間がたてばたつほど、豊かに実っていってくれます。

ある程度の時間は、どうしても必要です。だからこそ気がついた人は、ぜひ一刻も早く、この世界に入ってほしいと思います。

そうはいっても、みなさんの心の中は疑問でいっぱいですし、まだまだ納得できない部分が多いかもしれませんね。

次章から、本物の長期投資の姿を、さらに詳しく紹介していきます。

大人女子

投資のまとめ

1

右足は自分でしっかり働いて、
左足はお金に働いてもらうイメージで

2

ラクして儲かる方法はありません。
本当の長期投資を実践しましょう

3

無意味な保険や、よくわからない
金融商品は、一切買わないことが重要

4

大切なお金だからこそ
人まかせにせず、自分で決める

Summary about investment

第2章

大切なお金を置いておく場所を学ぶ

一生懸命に働いて得た大切なお金は
何があっても安全な場所に入れておきます。
それは預貯金や保険などではありません。
投資信託、株式、信託財産。
耳慣れない言葉かもしれませんが
知っている人は、将来が大きく変わります。

預貯金に置いておくのはダメ

どこに投資したらいいのかわからないから、とりあえず銀行や郵便局の口座に余裕資金を入れている、そういった人たちは少なくないと思います。

これは本当にもったいないことです。現在、預貯金の金利は0・001%ほどという低さです。なので、ほとんどゼロのようなものです。

昔の人は余分なお金をタンスの引き出しや壺に入れて大事に持っていました。利子もつかず、ただ貯め込むだけでした。それが昔の人々の財産づくりで唯一の方法だったのです。預貯金しかしていない人は、この現代にそれと似たようなことをやっているのです。

「タンス預金とは違って、火事で燃えないし、泥棒にもとられないから、まだましだ」という意見もあるでしょう。銀行に預けておけば、いつでも引き出せるという考えですが、必ずしもそうでない場合もあるので、用心したほうがよいのです。

銀行だから安全というわけではない

普通預金や定期預金などは、ペイオフといって、1金融機関ごとに合算して1000万円まで、元金とその利子は保護される預金保険制度があります。

どこかの銀行が破綻して、顧客が自分のお金を取り戻そうと銀行に押し寄せたら、現金を渡さなければなりません。しかし銀行には十分な現金がない。そんな場合は、国、日本銀行、金融機関が出資している預金保険機構という組織から資金が提供されるのです。

いざというときに備えて、この機構にはお金がプールされていますが、その金額は5兆4000億円でしかないのです（2023年3月現在）。

一方、個人預貯金の残高は1000兆円ちょっと。そのうち、ゆうちょや農協・漁協系の預貯金を差し引いて、銀行預金だけだと700兆円台の半ばぐらいになります。

700兆円台半ばの預金に対し、5兆4000億円の資金プールでは、本当にわずかな金額です。もし複数の銀行がつぶれてしまったりすると、プール金が不足して、預金を保護してもらえなくなるかもしれません。

また国の政策で預金封鎖が行われる可能性もゼロではありません。預金封鎖になると、ATMや銀行窓口でお金を下ろせなくなります。

そのような事態に出くわすなんてことは、ちょっと考えられないかもしれません。でも長い人生、何が起こるかわかりません。**何が起こっても、大丈夫と安心**

できるのが本当の資産なのです。

クレジットカード代金の引き落としや、近々つかう予定のあるお金など、決済に必要な資金は普通預貯金に入れておいてもよいのですが、老後資金のような大切なお金は、何があってもなくならない安心できる場所に置いておくことが重要です。

預貯金より安全なお金の保管場所

では、どこに置いておくのか。それは次の3つの場所です。

1　ちゃんとした投資信託

2　株式

3　信託財産

これまで預貯金しか経験のない人だと、この3つとも「よくわからない！」と頭を抱えてしまうかもしれません。でも、この本を読めば、すぐに理解できます。実に、シンプルな方法です。

では、それぞれの「置き場所」がいったいどんな場所なのか、説明しましょう。

投資信託ってなんですか？

最近、新NISAが少し盛り上がっているので、みなさんも投資信託という言葉を見聞きしたことがあるのではないでしょうか。とはいえ、実際にはどんなものなのか、正確には知らない人が多いかもしれません。

投資信託は19世紀にイギリスのスコットランドで生まれた金融商品です。そのころ、ナポレオン戦争で夫を亡くした妻など、国から一時金を受け取った人たちがけっこういました。

未亡人たちはその資金を頼りに、子どもを育て、自分も生きていかなければなりません。長い人生ですから、どうしても運用して増やしていくことを考える必要があったのです。

当時、投資運用というのは資産家のためのもので、庶民には縁のない世界でした。ただ縁のない世界といっても、資産運用ができるお金持ちは庶民には憧れの存在であったし、少しでも資産を増やしたいと思う人たちが、戦争未亡人家族以外にもたくさんいました。

そんな彼らの間で資産運用へのニーズが高まり、自然発生的に生まれたのが**「投資信託（投信）」**です。小口資金でも資産運用をプロにまかせられる大変優れた仕組みで、今では世界中に広まっています。

少額からスタートできる便利な投資商品

投資信託を理解するとき、大きな入れ物をイメージしてください。この中には、たとえば株式の投資信託なら、さまざまな種類の株式が少しずつ入っています。少しずつの株式をまとめていっぺんに入手できる商品なのです。

また株式を直接買うのとは違って、投資信託だと5000円とか1万円とか、わずかな金額で購入できるというのが大きな利点です。

投資信託そのものは、全体でひとつのファンドとして専門家が運用するので安心ですし、運用委託料もみんなで分担するから安く上がります。また毎月、運用報告があり、どんな株式を買っているのかもわかるので納得できます。

このように、**投資信託という商品は、庶民の財産づくりの大いなる味方**なのです。ただし、日本では信頼できる投資信託というものに、なかなか出会えない弱点があります。

当然のことですが、どの投資信託を買えばいいのかが非常に重要です。この点についてはあとでじっくりと説明します。

利点が多い投資信託

投資信託には、定期的に分配金が出るものと、分配金を出さずに複利運用するものがあり、**資産を有利に増やすためには複利運用のものが最適**だと思っています。

そのような投資信託については、もう2つ、素晴らしい利点があります。

1つ目は税金についてです。

普通、個人投資家が株式投資などで儲けると、その利益に対し約20％の税金がかかります。今話題になっている新NISAは、その税が一定額まで課されない制度だから注目されているのです。

しかし、投資信託はそれ以上に最強の節税効果があります。分配金がない再投資型の投資信託の運用では、いくら投資収益を上げても、それを解約して現金化しない限りは、1円も税金はかかりません。本来なら、税金を払って消えていく収益部分までも再投資に回せるわけで、**財産づくりにはとても有利です**。

投資信託の売買で唯一税金がかかるのは、解約したときだけです。それも、投資信託を解約した分の利益に対してだけです。

たとえば、保有している投資信託が1000万円あって、そのうち100万円分だけ解約したとしましょう。そのうち利益が20万円だったら、その20%にあたる4万円ほどが、売却益税として源泉徴収されます(源泉徴収ありの特定口座の場合)。

税金の支払いは、それで終わりです。もちろん、解約しなかった残りの900万円は、相変わらず税金が課されることなく運用されます。

あまり知られていませんが、**この節税効果はものすごく高いのです**。投資信託で財産づくりしない理由はありません。

まだまだある投資信託の大きな利点

2つ目の利点、それは、**信託財産として完璧に守られることです。**

私たちが投資信託を購入した段階で、その資産は信託財産として安全に保管されます。「信託財産」については59ページで詳しく解説をしますが、簡単に説明すると、現金はじめ投資している資産のすべてが信託銀行という安全な金庫におさめられ、厳重に管理されるのです。

証券会社や投資信託の運用会社、そして信託銀行そのものがつぶれてしまっても、関係ありません。投資信託を購入したら、私たちの大切な資金は信託財産として、ずっと安全に守られるのです。この安心感は絶対的です。

あとは投資信託の運用会社が、投資家の期待に応えた運用をしてくれるかどうかだけです。その点は、自分自身で責任を持ち、本当によい投資信託を選ぶことが大切です。

★株式と投資信託購入の違い

株式（買った） ➡ 1社だけへの投資（ここだけ応援！）

投資信託（買った） ➡ 多くの企業への投資（分散で安心だ！）

★投資信託のいいところ
（再投資型の場合）

税金（どうなるの？） ➡ 運用先の売買利益や分配金への税金が売るまでゼロ（節税効果バツグン）

安全（大丈夫？） ➡ 信託財産として厳重に管理（なくならないよ）

株式ってなんですか？

株式を個人で買うと、あなたはその**会社のオーナー**になれます。配当金がもらえますし、株主総会に出席することもできます。

また株式投資は、今、問題になっている**インフレにも強い**という特性があります。企業はインフレに合わせて自社製品の価格を上げつつも、収益を確保する努力をするので、株価も上昇しやすくなります。

これは資本主義経済のすごいシステムで、株式マーケットのある国に住んでいる人だけが享受できることです。

株式を買うということは、株主という立場で会社にお金を置くということになります。銀行ではなく、会社を信頼して、そこにお金を置くのです。

この言葉だけを読むと、なんのことだかピンとこないかもしれませんね。「株式投資といったって、株券が紙切れになって、大損したらどうするのか」などの恐怖心がわき出てくるかもしれません。

もちろん「どの会社の株を買うのか」はとても大切なことです。歴史のある、しっかりした企業なら、そう簡単につぶれることはないですし、そもそも私たちの普段の生活は、すべて企業の働きによって成り立っています。

企業と生活者は切っても切れない関係

日常生活を見てみましょう。冷蔵庫に入っている食品、調味料、飲料。どれも企業が作り出したものです。今日、身につけている服はどうですか。手作りのものを着ている人はおそらく非常に少ないのではないでしょうか。

家の中にある家電、家具、トイレ、風呂など、どれもこれも企業の力で生産されたものばかりです。生活者は、企業がなければ一日も生きていけないといっても、過言ではないのです。

企業にとっても、生活者が日々、商品を買ってくれることで売り上げが立って、生産を続けられますし、従業員に給料を支払えます。

また読者のみなさんも、どこかの企業に勤める会社員、パートかもしれません。そこから給料をもらっているので、言うまでもなく企業は大切な存在です。フリーランスなら取引先の企業があって、初めて報酬が得られるでしょう。

つまり企業と生活者は、紙の表裏のようなもので、互いになくてはならない大切なパートナーなのです。

ですから、**自分のお金を株式という形で持っておくというのは、決して危険でもなんでもなく、銀行預金にしておくよりもずっと安心で、長期の財産づくりにも最適なのです。**

好きな企業の株を買って応援するだけ

「株式を買う＝会社を買う」ということですが、実際に株式を売買したことのある読者は少ないかもしれません。いったいどの会社を選んだらいいのか、どうやって買ったらいいのか。見当もつかないかもしれません。

みなさんの思い浮かべる一般的な株式投資では「儲かりそうな株」を買おうとします。つまり、「この株は値段が上がりそうだ」と期待して購入するのです。

しかし、値段が上がりそうな株を当てるのは、金融のプロフェッショナルでも難しいでしょう。株価は買う人が多くなれば上がるし、売る人が増えると下がります。上でも下でも、方向転換は自由自在なのです。そんな株価を追いかけて、うまく儲けてやろうなんて至難のわざです。

その点、**本物の長期投資として株式を買うのは、それほど難しいことではありません。長期投資では生活者にとって大事な会社を応援する、というスタンスが基本です。**

自分の生活を振り返って、なくなっては困る会社の株式が大きく売られたときこそ、「よし、買って応援しよう」となるのです。「推《お》し活《かつ》」が得意な大人女子のみなさんになら、すぐに感覚がわかっていただけると思います。

安値で買った株を高値で売ればOK

みんなが売る暴落相場で応援買いをしておけば、投資なんて楽なものです。もものすごく安い値段で株式を買えるので、あとは、のんびりと株価が上昇してくるのを待つだけです。

株価が上がってくると、にわか応援団がドドッとやってきて、せっせと買い始めます。そうしたら、こちらは少しずつ売ってあげましょう。そこで大きな投資収益が得られます。

実際に株式を買う方法については、あとの章で詳しくご紹介しますが、基本的には自分が一番気に入っていて、なくなったら困ると思う企業、信頼できる企業の株式を応援の気持ちで買う。これに尽きます。

★株式を所有する、儲けるためには

株式を持つ
- 会社のオーナーになる
- インフレに強い
- 銀行預金より安心

株式投資で儲ける
- プロでも当てるのは大変
- 長期投資なら難しくない

↓

成功法則

みんなが不安になって大きく下げたときに企業への応援買いをする

信託財産として置く

「信託財産」という言葉を初めて聞いた人が多いかもしれません。これは**通常の預貯金とはまったく違うシステムで預けられた資産のことです。**

信託銀行という存在を知っていますか？ 普通の銀行と同じように、顧客からお金を預かるなどの銀行業務をしていますが、同時に「信託業務」を行っています。

たとえば証券会社に口座をつくり、投資信託を購入すると、その資金は証券会社の中にあるのではなく、提携している信託銀行に入ります。

信託銀行は顧客から預かった信託財産を、銀行の資産などからは完全に分けて管理しています。**ですから証券会社がつぶれても、信託銀行が破綻しても、信託財産は100％守られることになっています。**

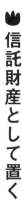

株や投資信託を売ったお金も全額守ってもらえる

さらにもう一つ、信託財産の素晴らしい活用法があります。

証券会社に口座を持っているなら、株式や投資信託を売った代金は、そのまま証券会社に置いておくのが一番安全なのです。

これらのお金は、投資家が現金として引き出さない限り、**全額が証券保管振替機構**（※）**という組織を経て、信託銀行に移されるのです。そして、そのまま信託財産として安全に保管されます。**

つまり投資信託を購入したときも、証券の売却代金をそのまま証券会社に預けておくときも、資産はそのまま信託銀行に託されるのです。ですから、**1000万円までしか保護されない普通の預貯金よりも、ずっと安全なのです。**

以上、お金を安心して預けられる3つの場所について解説しました。預貯金しか経験のない読者には、ピンとこないかもしれません。でも実践すれば、すぐに理解できますし、まったく難しいこともありません。

※法律に基づき、総合的な証券決済インフラ業務を行っている日本で唯一の組織のこと。

新NISAは本当におトクなの？

2024年から始まった新NISAについて、なんとなく耳にしている人もいると思います。

「新NISA=税控除がある=おトク」という連想ゲームのようになっていて、とにかく急いで新NISAをしなければ損をする。そんなイメージになっていないでしょうか。

新しい流行に押されるような気分で新NISAの口座をつくり、急いで投資を始めるとしたら、それは非常に危険です。新NISAの制度を学ぶのはよいことですが、決して、慌てて投資をしないでください。

特定口座は値上がり益に税金がかかる

まず新NISAについて説明する前に、一般的な証券口座である**「特定口座」**はどのような仕組みになっているのかを確認しましょう。

❶ 証券会社に特定口座をつくり、株・投資信託を購入する。
❷ 買った株・投資信託の価格が上昇し、当初の値段より高くなって利益が出る。
❸ ❷の株・投資信託を売り、現金にかえる。
❹ ❸の現金の中で、株や投資信託が値上がりして得られた金額に対して、約20%の税金が取られる。

通常、特定口座で株・投資信託を購入して利益が出て、それを現金化したら、儲かった部分について約20%の税金が取られます。もし現金化しないで、株や投資信託のままで持っていたら税金はかかりません（再投資型の場合）。

これが特定口座で長期投資をした場合の流れです。

現金化したときに非課税の利点が

では、**新NISA**で投資をしたらどうなるでしょうか。

❶ 証券会社に新NISA口座をつくり、株・投資信託を購入する。

❷ 買った株・投資信託の価格が上昇し、購入時の値段より高くなって利益が出る。

❸ ❷の株・投資信託を売り、現金にかえる。

❹ ❸の現金の中で、株や投資信託が値上がりして得られた金額に対して、特定口座では約20％の税金が取られるが、**新ＮＩＳＡ口座では一定の枠内で非課税となる。**

つまり❹の現金化した利益に対する課税のところで、初めて「非課税でよかった」と思えるわけです。それが新ＮＩＳＡという制度です。

ところがです。そもそも株・投資信託などで利益が出なければ、税控除はありません。買った株・投資信託が値下がりして損失が出ても、なんの保障もありません。そこを勘違いしないようにしましょう。

今、話題の新ＮＩＳＡで「ぜひ口座を開いて、投資をしましょう！」と大プロモーションしている証券会社や銀行は、なぜかそのあたりをいいません。リスクについては都合の悪い情報なので、知らん顔しているのかもしれません。

「税金がおトク！」と大騒ぎをしていますが、実態はそれだけのことなのです。もちろん資産運用は誰にとっても必要ですが、**非課税目当てに、よく理解しないまま、慌てて投資を始めるのは危険なのです。**

一方、ぜひとも急いで始めたほうがいいものがあります。それは**ｉ《イ》Ｄｅ《デ》Ｃｏ《コ》（個人型確定拠出年金）や、企業型ＤＣ（企業型確定拠出年金）**です。

毎月の掛金が全額税控除になるうえ、将来、積み立てたお金を使う際に一定のルールはありますが、税金の優遇があります。実は新ＮＩＳＡよりも、ずっとおトクな制度なのです。

企業型ＤＣを導入していない企業にお勤めの方や企業型ＤＣに加入できない自営業者、主婦、フリーランス、学生もｉＤｅＣｏには加入できるので、ぜひ加入をおすすめします。

ただしこれらの確定拠出年金は原則60歳になるまで引き出すことができません。自分の年金として、じっくり育ててほしいという国の政策なのですね。

とはいえ、病気やライフイベントなど、まとまったお金が必要な場合、確定拠出年金だけでは困るので、いつでも解約ができる新ＮＩＳＡと二本立てで運用するというのが絶対に必要です。

こういった基礎的なことを知っているだけで、長い目で見たら財産づくりで大きな差が出ます。本格的な長期投資には時間が必要です。気がついた人から、ぜひ実践してください。**10年たったとき、「やっててよかった」と実感できるはずです。**

大人女子

投資のまとめ

1

「預貯金だから安心」は間違い。
お金は絶対安心な場所に置く

2

投資信託は庶民の財産づくりの
大いなる味方です

3

生活に密着した会社の株式を買い
長期でしっかりと資産を育てよう

4

新NISAの前に、iDeCoや
企業型DCを始めよう

Summary about investment

第3章

ちゃんとした投資信託を買う

新NISAを始めるにあたって、
どんな投資信託を買うかが重要です。
人気ランキングに踊らされないこと。
インデックスファンドのリスクも知り、
骨太の投資信託と出会うための
基礎知識をご紹介します。

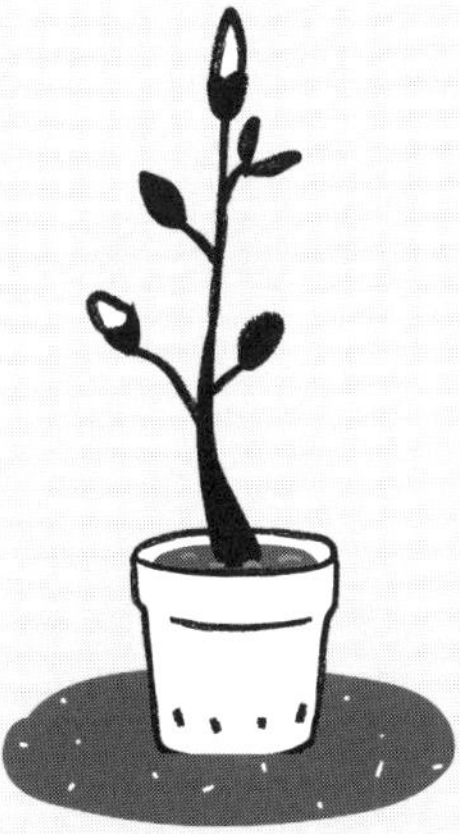

新NISAで買える投資信託が2000本以上あるワケ

いよいよ2024年から新NISAが始まりました。さっそく新NISA口座を開いた人は、「さあ、買うぞ」と意気込んでいるかもしれません。

では、何を買ったらいいのか。現在、新NISAで買える投資信託は、なんと2000本以上もあります。これではいったい、どれを買っていいのかわからなくても不思議ではありません。

どうして、こんなに品ぞろえが多いのか。これはお客さまの財産づくりをお手伝いするために増やしているのではありません。すべて大手証券会社や銀行が、手数料を稼ぐためにつくり出した投資信託の山なのです。

彼らのおもな収入源は、投資信託の販売手数料、株式などの売買手数料、そして新規発行する株式などの引受手数料です。

つまり顧客が株や投資信託を頻繁に売ったり、買ったりしてくれれば、手数料がたくさん稼げて嬉しいのです。

オススメの新商品が実はダメな理由

証券会社や銀行の営業はお客さまに投資信託を買ってもらうために、いつでも新商品を必要としています。環境保護とかロボットとか、イマドキの流行りに合わせて急いで投資信託を設定して、

「今度、こんな新しい投資信託が出たんですよ」

というセールストークで売りにくるのです。このセリフは、季節ごとに新しいファッションを売り出す洋服屋に似ていますね。

「この春はジャケットの丈は短めが流行っています。今、着ていらっしゃるジャケットもステキですが、新しいシルエットを試すと、もっとステキですよ」

といった感じで、季節ごとに新商品をすすめられるし、お客さんも流行遅れの格好をしていると楽しくないですから、つい新商品を買ってしまうわけです。


投資信託の場合も、流行に乗り遅れると損をするような気分になって、お客さんは買い替えてしまう。初めて投資信託を買う人の場合は、最近の流行なら、きっとよい商品なのだろうと思って買ってしまう。

そしてしばらくすると、また営業がやってきて、

「今度、こんな新しい投資信託が出たんですよ」

と声をかけてくるのです。

✿人気ランキングで選ぶことは危険

新NISAでは購入できないものも含めると、今、**日本には約6000本もの投資信託がありますが、そのほとんどがまともな運用にはなっていません。**

流行遅れの洋服と同じで、セールの札がついた目立たない棚に山積みにされて、埃《ほこり》をかぶっている。そんなイメージです。

とはいえ流行遅れの服とは違って、投資信託の場合、簡単に処分できないのがつらいところです。「この投資信託は人気がなくて買う人もいないし、基準価額も下がっているから儲からない」といっても、ポイッと捨てられない。

投資信託は金融商品ですから、さまざまな法律で規制されているのです。そんなわけで残骸のような投資信託が数千本もあるというわけです。

本書の大人女子読者には、賢い長期投資家になってほしいので、そういう店《たな》ざらしの投資信託は買ってほしくないのです。

「新NISAが始まって、投資信託を買おうと思ったけど、どれにしていいかわからないから、売り上げ人気ランキングからよさそうなものを選んだ」。こういう買い方をしている人がいるかもしれません。

長期投資は10年、20年と積み立てていくもので、長いおつきあいになります。今、人気ランキングの上位でも、2、3年後にはランク外になっているかもしれない。そういうものに、大切なお金を投じるのは、賢い方法ではないのです。

✿大流行のインデックスファンドは本当に大丈夫？

種類が多すぎる投資信託は選べない。それならインデックスファンドがいいだろうと考える人は、今、とても多いです。

インデックスファンドが人気な理由はいくつかあります。まず手数料が少ないというのがポイントです。

投資信託を売買したり保有するとき、大きく次の3つの費用がかかります。

❶購入時手数料
❷信託報酬
❸信託財産留保額

❶の購入時手数料というのは、**投資信託を買うときに販売会社（証券会社や銀行）に支払うお金**です。インデックスファンドは購入時の手数料がかからない「ノーロード」がたくさん出ていて、確かにおトクです。

❷の信託報酬というのは、**投資信託を運用・管理する運用会社等に支払う手数料**です。インデックスファンドは、インデックス（平均株価）に連動するようにコンピュータで運用を行うので、人の手で運用を行うアクティブファンドと比べて、信託報酬が安いです。

❸の信託財産留保額というのは、**投資信託を解約するときに支払うもので、残る投資家に対する迷惑料として純資産額に残していくことになります**。これも無料のインデックスファンドが多いです。

つまり**インデックスファンドは❶、❷、❸とも、すべて安かったり無料だったりするので、手数料が気になる人にとっては、とても魅力的**なのです。

またインデックスファンドの人気の理由は、それだけではありません。現在のところ、**運用成績がいい**というのも事実です。

最近、投資を始めた若い人たちの間で人気なのは、米国株や世界の株式にまとめて投資できるインデックスファンドです。

S&P500関連のインデックスファンドを聞いたことがある人もいるかもしれません。これはアメリカを代表する企業群の株価をひとまとめにしたものを指します。

グローバル株式関連のインデックスファンドを買うと、世界経済をリードする各国の企業へ投資ができます。

インデックスファンドの中には、たくさんの企業の株式が組み込まれているので、**分散投資にもぴったり**です。毎月、コツコツと**積み立て投資をする人には、**

よい財産づくりになるでしょう。

✿インデックスファンドの運用成績には要注意

ただし、ひとつよくよく注意してほしいことがあります。運用成績のことです。

株式というのは、とても古くからある金融商品です。17世紀ごろ、大航海時代末期のヨーロッパで生まれ（他説もあり）、同時期に株式を対象とする証券取引所も設立されました。

日本では西欧のシステムを取り入れ、1878（明治11）年に証券市場が誕生しています。国内だけで見ても、150年近い歴史があるのです。

一方、インデックスファンドというのは、とても新しい金融商品です。

アメリカの運用会社バンガードの創立者、ジョン・ボーグル氏が、1976年、世界初の個人向けインデックスファンド「バンガード500インデックスファンド（現在名）」を設立しました。

すべての投資家に、低コストの投資機会を提供したいという考えからです。ただし、運用当初は成績が低迷して、評判はいまひとつでした。

ところが1982年からアメリカの株価全体が大きな上昇トレンドに入っていきます。突然、景気がよくなってから株価が上がったのではなく、先進国を中心に、世界の人たちがコツコツと積み立てた年金マネーが激増し、これを運用するために株式を爆買いしたのです。

✿巨大な年金マネーが世界市場を支えている

一般にはあまり知られていませんが、世界の金融の中で年金の積立金というのは、とても大きな存在感を持っています。

１９６０年代から、先進国を中心に国民年金の制度が少しずつ整備されてきました。80年代になると、各国で国民の大多数が年金制度に組み込まれ、積み立てが本格化しだしたので、たくさんのお金が集まってきました。その額は膨大で、年々増えていくばかりです。

このお金は、将来の支払いに備えて運用しなければなりません。突如として、年金マネーが世界最大の運用マネーに躍り出たのです。

これを見て、世界の運用会社は活気づきました。年金マネーを獲得しようと、懸命に営業を始め、「うちの運用は素晴らしい成績を出しています」と宣伝して、できるだけ多くのお金を投資してもらうべく、マーケティングに力を注いだのです。

もともと年金というのは、今、掛金を払っても、実際に受給するのは30年、40年後という、息の長い制度です。ですから10年単位の長期運用をして、いざ年金を受給する30～40年後に給付資金がもっとも大きくなるよう、じっくりと育てていくものでした。

しかし、運用会社はそんな悠長なことをいっていられません。ぐずぐずしていたら競争相手に負けてしまうのです。年金を運用する機関投資家は、以前なら10年の運用成績を比較検討して、運用会社を選んでいたのに、それが3年単位になり、今では毎年の成績で評価するようになっています。

これではおちおち長期投資など、やっていられません。しかも年金マネーの運用が急激に増えて、企業をリサーチするアナリストやファンドマネジャーなどの人材も不足しています。

こんなことなら、マーケットとつかず離れずの運用で、そこそこの成績を上げていけばいい、という方向へ世界の年金マネー運用が変わっていきました。

✿株価が上がるからインデックス運用も盤石に

そこで注目を集めたのが**「バンガード500」**でした。

コンピュータに運用させるインデックスファンドなら、マーケットとつかず離れずで、毎年、ある程度の成績を出してくれます。企業リサーチのアナリストや運用を担当するファンドマネジャーも不要だから、コストは低い。

また、運用資金がいくら大きく膨れ上がっても、コンピュータの演算能力を高めるだけで済みます。

かくして、1980年代半ばごろからインデックス運用というものが一気に開花したのです。多くの機関投資家が「バンガード500」に続けと、さまざまなインデックスファンドをつくって、運用にのめり込んでいきました。

膨れ上がる一方の年金マネーの力。そして世界経済のグローバル化、金利低下という状況が重なって、アメリカを中心に、世界の株式市場は長期の上昇トレンドに入り、今日まで40年越しの株高を続けてきました。

つまり、インデックスファンドを買っておけば、もう十分に株式投資となったわけです。

その横で、個別企業をていねいにリサーチして、投資銘柄を厳選する本来の株式投資運用は絶滅危惧種的な存在へと追いやられました。

インフレ発生が世界経済の潮目になる

世界の株式市場は、上昇トレンドとなった40年が過ぎて、今、少しずつ状況が変わってきています。

日本はゼロ金利という政策を1999年から25年間も続けています。金利をタダにするから、どんどんお金を借りて、企業経営を盛んにやってくださいね、という政策です。

アメリカやヨーロッパなどの先進国も、リーマンショックから14年あまり、日本と同じように金利を下げて、大量のお金をマーケットに注ぎ込みました。

今、世界の市場には、人々が日常生活に必要とするお金以上の、あまりに膨大なマネーがあふれています。大量のマネーは行き場を失い、株や債券に流れ込むので、株価はますます上昇します。インデックスファンドの価格も上がっていきます。

この状況が永遠に続けばよいですが、現実はそんなにうまくはいきません。

2021年の春ごろから、アメリカではインフレに火がつき、物の値段がどんどん上昇し始めました。EU圏内でも2022年ごろからインフレがひどくなってきました。

欧米は、一斉に金利を引き上げました。じゃぶじゃぶとお金を流し続ける蛇口の栓をギュッと閉めたのです。

日本の場合、日銀が今も金利を抑えようとしていますが、いずれはインフレ圧力に負けて、自然と金利が上がってしまう可能性もあります。

金利が上がると、企業はお金を借りにくくなります。すると資金繰りがうまくいかなくなって、つぶれてしまう企業が増えます。倒産した会社の株券の価値はゼロですから、株式相場もガクッと下がっていきます。

そうなると、平均株価に連動するインデックスファンドの価格も、これに合わせて落ちていくのです。

✿インデックスファンドの冬の時代がやってくる

この40年間、インデックスファンドは株価上昇と金融緩和政策の波に乗って、成長に次ぐ成長を続けてきましたが、この先はどうなるかが心配です。おそらく、初めての体験となる冬の時代に突入するでしょう。

世界的なインフレと金利上昇によって、世界の株式市場と金融マーケットが大きく崩れだしても、おかしくないのです。そうなると、株価全般が大きく下げるのは避けられないでしょう。

問題は、そこから先です。

株式市場の暴落が一段落してくると、経営力が強い企業の株価はどこかで下落が止まり、上昇に転じます。一方、経営力の弱い企業などの株価は、ずっと低迷したままです。

ところが、**インデックスファンドはすべての企業の株価を反映させた値動きとなります。それで、弱い企業の株価低迷にずっと足を引っぱられることになるのです。**

金融マーケットが暴落して最初の数年は、経営がうまくいかずにつぶれていく会社に引きずられ、インデックスファンドの価格もズルズルと下がっていきます。ダメな企業がすっかり淘汰《とうた》されたら、残りは元気に成長する企業ばかりになるので、ここからインデックスファンドの価格も上がり始めます。ようやく復活の時が来るのです。

いったん価格が下がってから、上昇に転じるまで10年くらいはかかると思っておいたほうがよいでしょう。まさに暗く、長い冬の時代です。

インデックスファンドに投資している人は日本でも多いと思いますが、これからの長期低迷の時代に、どれだけ耐えられるでしょうか。

たとえば最初は2万円だった基準価額が1万8000円になり、1万5000円になり、ついには1万円になり、といった具合でずるずると下がっていきます。それに合わせてみなさんの持っているインデックスファンドの評価額も下がっていくわけです。

もっとも、長期の価格低迷に負けず、コツコツと積み立て投資を続けたら、10年後には、長いこと苦しんだだけの成果が出ていると思います。インデックスファンドに投資をするのなら、その覚悟が必要だというのを覚えておいてほしいのです。

✿アクティブ運用の投資信託(ファンド)をおすすめする理由

2024年になっても、なかなかインフレは止まりません。また最近、定期預金の金利を上げる銀行が増えています。少しずつ、金利のある世界が戻りつつあるのです。

そして今後、金融緩和バブルがはじけてマーケットが混乱し、株価が急落することがあるかもしれません。

そんなときでも、**安心して大事なお金を置いておける場所があります。それが本格的な長期アクティブ運用の投資信託です。**

✿アクティブ運用の投資信託は実体経済が支えている

投資信託には前述した**インデックスファンド**と、もう一つ、**アクティブ運用ファンド**という種類があります。

アクティブ運用ファンドというのは、ファンドマネジャーという運用の専門家が、どの企業の株式を買うのか、または売るのかといった判断をして投資信託の運用を行っています。

そのために、さまざまな企業を取材するなど、よく研究・分析して、投資する会社を決めていきます。インデックスファンドのように、コンピュータで決めるのではなく、すべて人間が判断するのです。

アクティブ運用ファンドにも、いろんな種類がありますが、本格的な長期投資を目指すファンドなら、私たちの実体経済を支える素晴らしい企業の株式を厳選してポートフォリオ（金融商品の組み合わせ）に入れています。

そういった企業はしっかりした経営基盤を持っているし、インフレが来ても、金利が高くなってもつぶれませんし、社会の変化に対応していく体力があります。

もし急激な株価暴落という状況になったら、おそらく一時期は一緒になって株価が落ちるかもしれません。しかし市場の混乱が一段落したら、またすぐに上昇してきます。というのも、実体経済というのは金融マーケットが暴落しようと、ビクともしない力を持っているからです。

私たちはどんなことがあっても、食事をとらなければ死んでしまいますし、できれば毎日お風呂にも入りたいと思います。お風呂に入ればせっけんとシャンプーは必要でしょう。洋服や靴も欠かせません。移動のために電車や車も必要ですし、体調が悪くなれば薬を飲み、病院にも行く。そういったものがすべて実体経済です。人の暮らしになくてはならない存在なのです。

仮に株価が大暴落しても、こういった実体経済はビクともしないし、実体経済を支える企業はつぶれるどころか、一日も休むことなく活動を続けています。ですから、一時期は下がった株価も、そういった企業であればすぐに上昇してきます。

つまり人々の生活を支える企業の株式を集めたアクティブ運用ファンドなら、一時期、ドンと下がった基準価額も、すぐに復活してくるのです。

✿投資信託の運用会社をチェックしよう

では、本格的な長期投資を目指すアクティブ運用ファンドには、どんなものがあって、自分はどれを選べばいいのか。これが次の課題です。

投資信託は運用会社が設定し、運用します。ですから投資信託を選ぶとき、運用会社をしっかりと確認する必要があります。特に、長期投資の場合は10年、20年という長い時間をかけて資産をつくっていきますから、信頼できる会社でなければなりません。

ここで注意したいのは、販売会社と運用会社の違いです。

大手証券会社や銀行などは、投資信託の販売会社であって、運用会社ではありません。ですから「どの金融機関から投資信託を買うのか」ということより、**「この投資信託はどの運用会社が設定し、運用しているのか」ということが重要です。**

日本の運用会社のほとんどが、証券会社や銀行の子会社です。こういう運用会社は、銀行や証券会社の注文に沿って、投資信託を設定します。

「今はロボットが流行っているから、ロボット関連の企業の株式を組み合わせてファンドを設定してください」などと注文され、比較的短期間で、パッと新しい投資信託をつくり上げるのです。運用会社独自の視点や、運用の哲学のようなものはないといってもよいでしょう。

✿独立系運用会社が安心できる理由

一方で、日本には独立系の運用会社が存在します。
証券会社や銀行などに属さず、顧客から直接、資金を集めて運用を行い、販売も行っています。**独立系ですから、販売会社の意向で方針が変わることがなく、徹底した長期投資を追求できるのが特徴です。**

さらに積極的にセミナーを開催しているので、ファンドマネジャーとの対話も可能です。運用担当者の口から、運用方針やどんな企業を応援しているのかなどを直接聞くことができれば、投資をする側も安心できます。

また、それぞれの運用会社が設定している投資信託の数もだいぶ異なります。
大手金融機関の傘下にある運用会社は、何百本もの投資信託を設定し、運用し

★投資信託といってもいろいろあります

投資信託

インデックスファンド

株式指数などに
連動してコンピュータが
買っています

アクティブ運用ファンド

しっかり調べ、
取材していい企業を
買っています

投資信託は
何を選べば
いいの？

暮らしに必要なものを
作っている企業に
投資しているファンド

独立系運用会社の
ファンドがおすすめ

↓

ていねいな運用を心がけている

これに
決めた

長期運用ではプラスのリターン

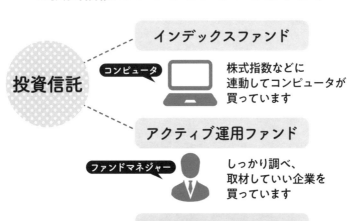

ています。それに比べて**独立系の運用会社が設定している投資信託は1社につき1本から数本程度。少ない投資信託をていねいに運用し、育てています。**

また10年、20年という長期にわたり運用しているという特徴もあります。一番古い「さわかみファンド」は1999年に設定され、約25年間、運用が続いています。**5年、10年といった運用実績を見ると、独立系の運用会社のファンドはどこもプラスのリターンを出していて、十分、信頼に足る投資信託なのです。**

個人向けにインデックスファンドを初めて売り出したバンガード社のように、アメリカでは独立系運用会社が非常に多いのですが、日本ではまだ数社しかありません。しかし本書では、運用哲学がぶれない独立系運用会社の設定する投資信託を推奨しています。

✿結局、どんな投資信託を買えばいいの？

ここまで、さまざまな投資信託を紹介してきました。

投資を始めようと思ったけれど、「結局、私はどれを買えばいいの？」と迷う人も少なくないでしょう。でも、お金に関しては、自分でしっかりと考え、自分で判断しなければなりません。

そこで短期間、ちょっとしたテストをやってみるのをおすすめします。

証券会社、銀行、郵便局など、身近な金融機関ですすめられた投資信託から、まずは3本選んでください。続いて、独立系の運用会社から投資信託を2本選びましょう。

合計5本の投資信託に、それぞれ1万円ずつ、投資をしてみましょう。新たに口座をつくるなど、少しの手間はかかります。しかし自分の将来を支える長期投資のレッスンだと思って、挑戦してみてください。

実際に、5本の投資信託を購入してみれば、それぞれの違いにビックリするはずです。銀行、証券会社など、販売主体のところは、投資信託を買ってもらって販売手数料を稼いで一件落着で、ぱったりと音沙汰がなくなります。

一方、独立系など長期の資産形成をお手伝いしようとしている投資信託では、その後の対応がまったく違います。買っていただいたその瞬間から、「資産形成の長い航海が始まりました。一緒に頑張りましょう」という内容のメッセージが毎月届けられ、運用会社のトップが、真剣に長期投資について語っている様子がよくわかります。

長くつきあえる投資信託を見極めよう

どちらと本気でおつきあいしたらよいか、賢い生活者である、大人女子のみなさんはすぐにわかるでしょう。5万円の投資で、その見極めができるのですから、やってみる価値は大いにあります。

だいたい3カ月くらいのテスト期間で、それぞれの投資信託の運用会社はどんなところか、よく観察してください。この先、10年、20年と投資を続けるうえで、信用できる会社かどうか、しっかりと判断しなければなりません。

この会社が運用している投資信託なら、今後も安心して、ずっと積み立てを続けられる。そう判断できる投資信託を選ぶのです。そして3カ月後、「ここはダメだ」と感じた投資信託は解約してしまってもOKです。

そして、よいと思った投資信託にだけずっと積み立てを続けて、じっくりと自分の資産を育てていってほしいと思います。

✿時間の力で資産を育てていく

「よし、この投資信託なら信頼できる」というところを見つけたら、いよいよ積み立てを始めましょう。

過去にも、資産家になった人たちは、日々の生活費をとことん切り詰めて、少しでもお金を余らせ、コツコツと貯めていきました。そして長い時間をかけて、ようやく資産を築き上げたのです。

でも今の時代に資産づくりをする人は、ものすごく有利な立場にいます。無駄な生活費を削って、お金を余らせて貯めていくところまでは同じですが、そこから先が違います。

長期の投資に回して、お金に働いてもらうことができます。その結果、**複利運用の投資の場合、雪だるま効果を期待できる**のです。この差はとんでもなく大きいです。

複利でお金が増えていく様子というのは、雪だるまづくりに似ています。最初はすごく小さな雪の玉で、両手の中にすっぽりおさまるようなサイズです。それをひと転がししても、雪玉のまわりにくっつく雪は、ほんのちょっとです。

ふた転がしすると、雪玉が少し大きくなり、まわりにくっつく雪も増えます。

このまま雪だるまを転がし続けると、どんどんと大きくなります。長期投資で資産が増える様子は、まさにこれと同じです。**投資の成果を再投資していくので、時間の経過とともに、加速度的に増え始めます**。15年もすると、複利効果がグーンと出て、資産の増え方がスピードアップすることに気がつくと思います。

✿もっとも重要なのは投資をする時間

ここまでくると、将来に対する不安が薄らいでくるでしょう。

さらに10年、20年と続けると、今度はお金のつかい方を心配しなければならないほど増えてしまう。老後の年金不安などは、遠くかすんでいくと思います。

前述したとおり、本格的な長期投資なら、誰でもある程度、同じような成果を出すことができます。ですから、**とにかく大事なのは「時間」です**。時間さえあ

★長期投資の仕組み

成果を再投資 ➡ 資産増加が加速します

お金のつかいみちを心配するほど増えます!!

嬉しい悲鳴!

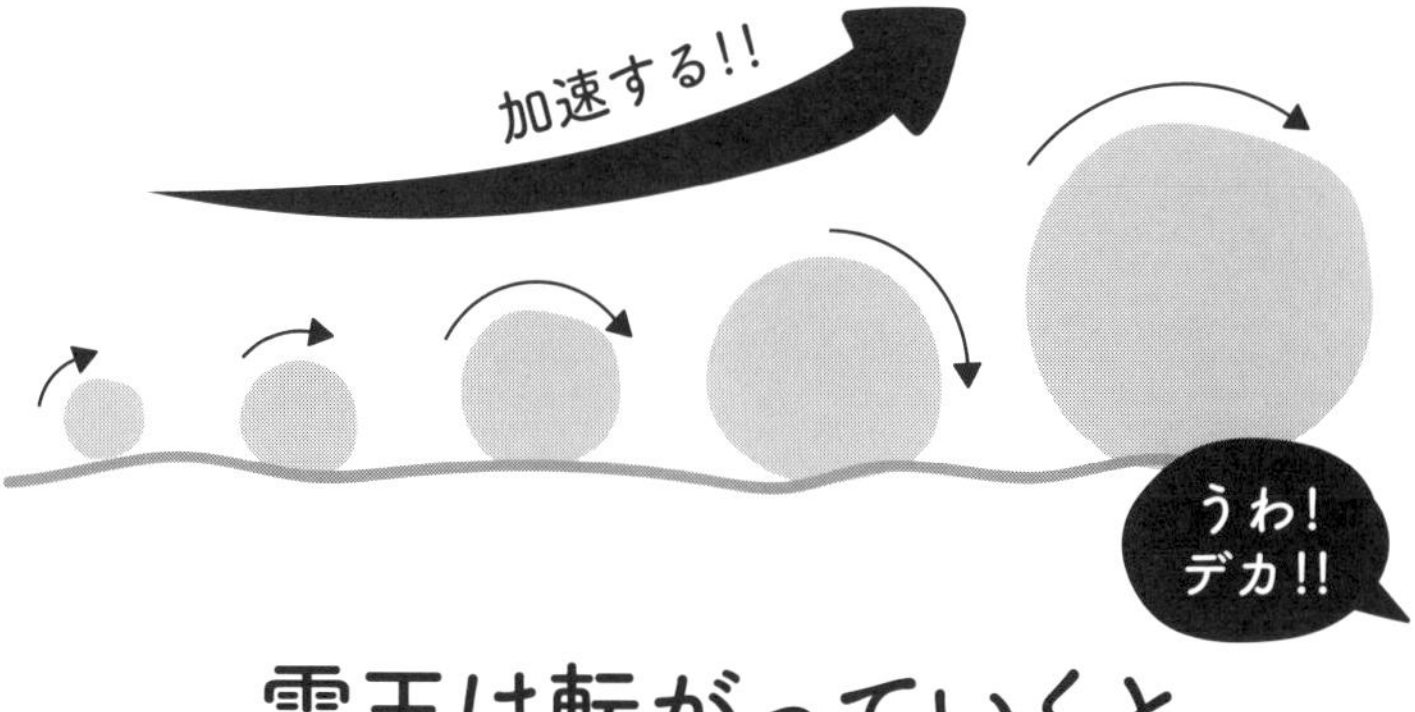

雪玉は転がっていくと雪がくっついて大きな玉になる

れば、どれだけ大きな資産でもつくることができる。
これはほとんど間違いない、長期投資の真実だと確信しています。

年6％くらいの成績で、仮に月2万円の積み立て投資を続けると、20年で資産は924万円になります。30年目になると2009万円。40年目に3983万円。すごく立派な数字ではないでしょうか。

若い人は、今の時点では給料も低くて、自分に自信がないかもしれません。でも「時間」という素晴らしい資産をたっぷり持っています。これを活用しない手はありません。

毎月2万円の積み立てでもいいけれど、少し余裕があれば3万、4万に増やしたり、ボーナス時などに、少しまとめてお金を入れたりする。それだけで、雪だるまはどんどん成長します。

誰でも実践できる積み立て投資を通して、自分の力で堂々と生きていく力をぜひ養ってほしいと思います。長い人生、何が起こるかわかりません。何が起こっても大丈夫、と安心できるものに一歩踏み込んでみてください。

大人女子

投資のまとめ

1
証券会社、銀行、保険会社の
手数料商売につきあわない

2
人気のインデックスファンドは
成績低迷の可能性も視野に入れる

3
アクティブファンドを購入するときは
運用会社をしっかりとチェック!

4
信頼できる投資信託の長期積み立てで
複利の雪だるま効果を満喫しましょう

Summary about investment

第4章
株式投資に挑戦してみよう

難しいし、危険だと思われがちな株式投資。
でも信頼できる企業の株を買うのは
危険でもなんでもありません。
キーワードは「応援」。
好きな企業の株式をリズムよく売買して
資産づくりと同時に、よい社会づくりを実践します。

株式投資の原点は「応援」の気持ち

前章では投資信託の選び方、買い方について説明しました。この章では、「長期投資家の株式投資」における、基本的な考え方をわかりやすく紹介します。

ここでお話しする株式投資は、よく株式市場で儲かった損したと大騒ぎしている人たちの行動とは、根本的に違います。日本ではそういうのが株式投資とされていますが、大人女子のみなさんは絶対に近づかないでください。

これからみなさんに説明する長期の株式投資は、ずっと簡単で誰にでもできま

す。まずは、ゆったりした気分で読んでみてください。

これまで投資をしたことがない人にとっては、株式投資と聞いただけで「難しそう！ ムリ！」と感じてしまうかもしれませんね。でも、まったくそんなことはありません。単にこれまで縁がなかったというだけのこと。

特に自分自身の暮らしを大切にしている大人女子のみなさんこそ、長期の株式投資に向いているのは間違いないと思います。

企業を楽しく「推し活」しよう

基本的なことは、第1章で解説したように、「自分が好きな企業、応援したい会社を、長期投資という力で支えていく。その結果、自分の資産も増えるし、大好きな会社も元気に事業が続けられる」という流れです。

つまり、長期の株式投資で大切なキーワードは**「応援」**です。

自分の理想とする社会や夢と同じ方向に向かってビジネスを展開している企業の株を「応援」の気持ちで買うのです。だから、株式投資はとても楽しく、やりがいがあるのです。

悲しい顔をして「推し活」をしている人はいないと思います。好きな企業の株式を買う、つまりその企業の株主になるということですから、気持ちがワクワクしてくるはずです。

また大人女子のみなさんは、もう長期投資家ですから、どんなときに、もっとも価値のある「応援」ができるのか、ぜひ知っておきましょう。

それは**株式市場全体が暴落したり、なんらかの理由で応援したい企業の株が大きく売られて、株価がひどく下がっているときです。**

企業経営者からすると、株価の突然の下落というのは困ったことです。毎日、まじめにビジネスをして、社員にはしっかり給料を払っているし、よい製品を消費者に届けている。

それなのに株式市場全体の暴落や、よく理解できない理由で、自社の株価が下がっている。すると損得しか考えない個人の投資家や機関投資家が、追い打ちをかけるように、どんどん売ってくるのです。

こういうときにこそ、本物の応援団である長期投資家の出番です。

みんなが売っているのに、「私たちが応援しますよ」と気合いを込めて買いに行くわけですから、企業経営者にすれば、これほどありがたいことはありません。自分たちの経営は間違っていないとわかって、自信がつきます。

長期投資家にすれば、安い価格で株を購入できるので、こちらもありがたい。お互いにハッピーなのです。

応援企業の株価暴落を止めることができる

この「応援買い」には、3つの重要な役割があります。

❶ 株式市場の暴落時に、応援企業の株価が下げ止まる

株式市場全体が暴落しているときは、あらゆる企業の株式が叩き売られていま す。全品セール中のようなものです。

そういうとき、**「この会社の株を買いたい」という投資家が現れたら、少しずつ売りが吸収されていきます。**つまりセール品が売り切れてしまうわけです。すると、その企業の株価は下げ止まります。

「え、もう売っていないの？　それなら少し高値でも買うわ」

という人が現れたら、下がり続けた株価が今度は再上昇し始めます。

こうなると、「投機」専門も含め、世の投資家たちが、早くも注目しだすわけです。

「ほかの株は下がっているのに、どうしてこの企業の株だけ上がってきたんだろうか。よほど好材料が隠されているに違いない」と思い、目ざとい彼らはさっそく買い始めるのです。

　この嗅覚が株式市場のすごいところです。ふと気がついたら、多くの株式がまだ暴落後の低迷を続けている中を、一部の株価だけスルスルと上昇を始めているといった展開となっていくのです。

　これも、長期投資家による応援買いがあってこそです。

❷ 応援したい企業の経営をあと押しする

　株式市場が大暴落したり、株価全般が長期低迷したりしている時期に、その企業だけ株価がスルスルと上がり始めると、金融機関はじめ世の中も注目します。「この会社はよい経営をしているのだな」と思われるので、自然と信用が高まります。すると資金調達もしやすくなります。もちろん、その会社のイメージは高まり、商売にもプラスとなります。

　同業他社は株価が低迷して苦しんでいます。そんな中、**みなさんが応援している企業は金融機関から融資をしてもらい、経営を一歩進めることができます。**すると今後のビジネス展開でも有利になるでしょう。将来に向けて、積極的な経営ができるのです。

❸ 株主の顔ぶれが変わる

株式市場の暴落などで株価が下がると、儲けしか考えていない一般投資家や機関投資家は、手持ちの株を慌てて売り始めます。つまり、**いつの間にか金儲け主義の株主がいなくなっていくのです**。

これまでの持ち主がいなくなった株式を、私たちのような本物の長期投資家が驚くほど安く買っていきます。

その会社を本気で応援する人たちが株主になるので、経営者にとっても、こんなに嬉しいことはありません。ますます自信を持って、よい経営を追求することができます。

本物の長期投資家の資産がいつの間にか増えてしまう理由

価格が安いときに買った株式は、私たち長期投資家の大切な資産づくりのタネです。そのままずっと、好きな企業を応援しながら、株式を持ち続けましょう。

そのうちに少しずつ経済状態がよくなったり、株式市場など投資環境が好転してくると、私たちの大切にしている企業の株価も上がってきます。

すると、金儲けしか考えない投資家たちが、どこからともなく、再び株式市場に戻ってきます。それまで散々、売ってきた株の値段が上がっているのを見ると、「しまった、出遅れた！」と焦り、急いで買い始めるのです。

その影響で、株価はますます上がります。それを見ると、買いそびれた投資家が「まだまだ値段が上がるに違いない」と強気になって買い始め、株価はさらに上がっていきます。

さっきまで売っていた株を、今度は慌てて買い始めるという行動は、普通の生活者の感覚で見ると、とても不思議です。安く売ったものを、高くなってから買い直すのですから、まるで損をするために売買しているようです。

でも、これが一般投資家の、ごく普通の行動パターンなのです。私たち長期投資家は、決してまねしてはいけませんね。

少しずつ株を売って利益を受け取ろう

「儲けたい」「儲けたい」の一般投資家は高値になるとますます買いたがるので、手持ちの株式を少しずつ彼らに売ってあげるのはＯＫです。しばらくの間、大切な企業の応援を一般投資家におまかせして、長期投資家は投資の収益を受け取ります。

みなさんは安く買っておいた株式を高い価格で売るのです。けっこうな金額の利益を受け取ることができるでしょう。
このお金は、そのまま証券会社の口座に残して、大切にキープしておきます。次の投資の原資になるからです。そして次に株価が暴落し、応援企業の株価がグッと安くなったら、再び応援しようという気持ちで買いに行くのです。

本物の長期投資家の行動は、この繰り返しです。経済や株式市場は、必ず好景気となったり不景気になったりの波がやってきます。それをのんびりと眺めながら、マイペースで株式の売買をしましょう。

このやり方のよいところは、誰がやってもそこそこの成績が出る可能性が高いことです。自分が応援したい、大好きな企業の株をよいリズムで売り買いするだけ。これは誰にでもできるし、やらない理由はないのです。

そして、その成果がすごいのです。コツコツと10年やって、資産が2倍になったら、年率7・2％の計算になります。これは、もう立派な成績です。

この繰り返しを続けていると複利効果で、資産が雪だるまのように増えていってくれます。10年で2倍ですから、20年で2倍の2倍で4倍となります。30年では4倍の2倍で8倍です。

これが複利の雪だるま効果というものです。将来に向けてお金の準備がしっかりと整うイメージが浮かびませんか？

どの企業の株式を買ったらいいの？

さて、いよいよ長期投資家として、株式投資をスタートさせましょう。最初のステップは、自分が本当に応援したいと思う企業を探すところから始まります。

ここで、ほとんどの人は頭が真っ白になってしまうかもしれませんね。長期投資家として企業を応援したいけれど、そもそも、どの企業がいいのか思いもつかないのです。

私たちは朝起きてから夜寝るまで、毎日、いろいろなものを利用したり、サービスをつかったりします。どれもこれも企業が提供してくれているものです。

しかし、あらためてその存在を考えたことがありません。それほど企業は暮らしの中にとけ込んでいるのです。

しかし、それでは、ぜひとも応援したい企業の姿が見えてきません。ここでぜひ、**「応援企業を発見するワーク」**を実践してみてください。やり方は簡単です。

ワークのやり方

❶　A4サイズの白い紙1枚、鉛筆、赤鉛筆、青鉛筆を用意します。

❷　毎日の生活の中で、お世話になっている企業、気に入っている企業の名前を鉛筆で紙に書き出します。企業名は多ければ多いほどよいです。できれば100社くらいの名前を書き出しましょう。

❸書き出した企業名のリストを見ながら、ぜひとも応援したい企業の名前を、赤鉛筆で薄く丸く囲みます。一方、この企業は応援しなくてもいいな、と思ったら、青鉛筆でやはり薄く丸く囲みます。

❹❸の行動を月に一度、半年くらい続けます。同じ紙上で、毎回そのときの感覚で、応援したいか、したくないかを決め、赤や青の丸を重ねていくのです。

これを続けていて面白いのは、前回まで赤丸をつけていた企業が、「いや、あまり応援したくないな」に変わったり、青丸だった企業が「よくよく観察していたら、すごくいい会社かも」と評価が変わってしまうことも、しばしばあるということです。

それだけ、これまでの日々の生活で「企業のことを、あまり意識していなかったな」と思い知らされます。ただ、慢然と消費していただけだなと猛反省です。

ともかく、**半年もすると赤い丸の企業、青い丸の企業がくっきりと色分けされます。**つまり、自分が大切に思っている企業が自然と浮かび上がってきます。

その赤い丸の中から、応援したい企業を1〜3社ほど選びましょう。これで、いよいよ買いたい株式の銘柄が決定します。184ページにワークシートをつけましたので書いてみてください。

消費者の目線で企業を見ていく

いかがでしょうか。やり方はとても簡単ですが、**このワークを始めると、毎日の生活が急に面白くなります。**

まず家の中にある家電、食品、日用雑貨などをよく見て、どの企業が作っているのかをチェックしましょう。「え、こんな会社が作っていたんだ」などの発見が続くでしょう。

「気がつかなかったけど、自分はこの企業の製品をたくさん持っている」などということもあります。さらに物だけではなく、サービスもチェックしてください。最近はサブスクも増えていますから、意外といろんな企業のサービスを活用しているものです（ただし上場企業でないと株式を買えないので、そこは注意してくださいね）。

企業のことを調べようと思ったら、多くの人はその会社のウェブサイトをチェックするのではないでしょうか。最初の一歩はそれでOKです。**ひととおり見終わったら、ウェブサイトからはいったん離れて、自分らしい観察方法を探しましょう。**

たとえば、Aという食品メーカーが気になっているなら、いつも通っているスーパーでA社の商品をチェックします。この会社の商品はなかなかセールにならないとすると、きっとその品はよく売れているのでしょう。逆に、よく特売品になっているのなら、その商品はあまり売れていないのかもしれません。

棚を見ていると、A社の食品をいったん手に取り、また棚に戻す人がいた。買おうか、買うまいか、悩んでいる様子です。値段が高いのか、味に問題があるのか、なにか売れにくい要因があるのかもしれません。

近い将来、その企業の株式を買うかもしれないという目で見ているので、企業チェックにも自然と力が入ります。

テレビやネットのニュースやCMなどでも、企業名が耳に入るようになるし、町を歩いていて、企業名がパッと目につくなどということも起こります。

当事者意識が出てきて、自分の生活が、いかに企業と深くかかわっていたのかが、身に染みてわかってくると思います。

そうやって日々、目で見て観察しておくと、それが1年、1年半後に企業の業績となって表れてきます。まさに消費者の目線は最先端の情報です。

運用会社のアナリストなどより、一般の生活者のほうが企業の動向をよく知っているといっても過言ではありません。そういう意味では、スーパーやコンビニで手に入る日用品、食品メーカーなどから企業観察を始めるのが手軽だと思います。

★ワークのすすめ

ワーク

115、116ページの
「ワークのやり方」
❶～❹を実践!!

**投資家として、
毎日の生活が面白くなってくる**

**企業に興味を持つことで
あなたオリジナルの
選択眼誕生!!**

じっくりと待つのも大切な投資

「応援企業を発見するワーク」を実践し、ぜひとも応援したいという企業が見つかったでしょうか。では、いよいよ株式投資を始めてみましょう。

まずは証券会社に口座を開く必要があります。今なら、株式の売買手数料などが0円のネット証券がよいと思います。また新NISAの口座も開いておくと、そこで株式の売買ができて、儲けが出たら節税効果が得られます。

準備は整ったでしょうか。

次は、買いのタイミングを確認します。まだまだ焦ってはいけません。

じっくりと時機を待つのも、大切な投資です。そして**本物の長期投資家は、株価が暴落したところで買いに出るのです**。

それはどんなときかというと、見極め方はいたって簡単です。

新聞の一面に「株価暴落！」などという文字が躍り、テレビやネットのニュースでも株価暴落を報じる。そんなときが、まさに買い時です。

リーマンショックのような大暴落はめったにやってきませんが、小さな暴落は年に3回から5回程度はあります。

1日だけの暴落ではなく、3日、4日と株価が下落して、世の中が暗い雰囲気になったら、いよいよ長期投資家の出動というわけです。

どんなに株価が下がっても、生活を支える企業はちゃんとビジネスを展開しているし、経営に問題はありません。ですから、少しも怖くないでしょう。

さっそくネット証券の口座にアクセスして、応援したい企業の株を買いましょう。暴落しているのですから、かなりの安値で購入できるはずです。

年初来安値で買ってみる

もう一つ、**自分のペースで購入する**という方法もあります。

自分が応援している企業があって、いつも株価をチェックしているという場合なら、最近の価格をよくわかっていると思います。ずっと見ていると、株価がなにかの環境変化でスッと下がり、年初来安値（過去1年間でもっとも安い価格）などをつけている場合もあります。

こういうときは「ちょっと買ってみようかな」という、軽い気持ちで購入する方法もあります。

いずれにせよ、自分が応援しようと思っている企業の株式ですから、恐れることなく買ってみてください。買ったあと、ちょっと価格が下がってしまったとしても、長い目で見たら、まったく問題ありません。

とにかく応援買いしなかったら、なにも言えないし、感覚もわからないです。最初のスターティングポイントに立つために、実践することです。

株を買ったらリズムよく売るのも大事

応援したい企業の株式を無事に購入できたでしょうか。そうしたら、あとは買ったことも忘れて、日々、自分の仕事に邁進してください。ただし応援企業の観察だけは変わらずに続けます。

しばらくすると、株価が高騰とか、株高などの言葉が出てきて、株式市場が活気づく時期が来ます。ちょっと前の株価暴落時に、激しく叩き売りしていた投資家たちが、手のひらを返したように買ってきます。

そういった、**にわか応援団が大挙して買ってきたら、われわれ長期投資家は「しばらく応援を彼らにまかせよう」で売りに入っていくのです。**

自分が買った株式の値段がずいぶんと上がってきたなと思ったら、「この企業の応援はしばらくおまかせしよう」という気持ちで売ってOKです。

何パーセント上がったら売ってもいいとか、難しい計算は必要ありません。数字で決めてかかろうとすると、あっという間にマーケットの株価動向に引きずり込まれてしまいます。

あくまで自分の感覚で大丈夫。ちょっとずつ売るのもいいし、バサッと売ってしまってもよいです。ただし、できれば全部は売らない。1〜2割は残しておくようなイメージです。

せっかく応援している企業ですから、ご縁がつながるように、少量の株は持っておくようにしましょう。人間的なおつきあいを大事にする感覚です。

投資で儲かったら次の機会をゆっくり待つ

こうして株式を売ると、安値で買っているから必ず収益が上がります。そうしたら、そのお金は現金化せずに、そのまま証券口座に入れておきましょう。次の投資の資金にする必要があるからです。

気をつけたいのは、「売って儲かったから、すぐ、次の会社を買おう」などと

考えないこと。それをやってしまうと、たちまち世に多い「儲け追いかけ型」の投資家に成り下がってしまいます。

にわか応援団にまかそうと考えて株式を売り、回収した資金は、そのまま休ませておきましょう。そして次の投資の機会が来るまで証券口座のことなど忘れて、また日常生活を普段どおりに送ります。今は右足の「自分の仕事」を頑張る時期なのです。

こういった売り買いは、慣れたら簡単にできるようになります。マイペースで、「安かったら買う。高かったら売る」。それを年に数回程度行えば、もう十分です。しっかりと資産が育っていきます。

投資企業の様子は日ごろからチェックする

最近、分散投資などという言葉が流行って、投資する株式も1銘柄だけでは心配だと考える人もいます。

しかし、**自分の資産が1億円以下なら、投資する銘柄は3つくらいまでで十分です。**もちろん1銘柄だけでもいいのです。

自分でしっかりと選び、応援できると決めた会社の株式ですから、リスク回避のための分散は必要ないのです。そもそも、そんなにリスクが怖い会社なら、最初から応援買いする必要もありません。

ただし、長期投資は10年、20年という単位で、長い時間をかけます。その間に、応援している企業そのものが、変質してくる場合もないわけではありません。好きだった製品が変わってしまった。妙にバーゲンセールばかりしている。どうも最近、元気がない……。

日ごろから応援企業の観察を続けているので勘が働くのですね。**「なにかおかしい」と思ったら、さらに注意深く、その企業の動向をチェックしましょう。**もし、これはダメだと自分で判断できたら、その企業の株式をすべて手放してしまいます。

長期投資には、こういう観察が必須ですから、できるだけ生活に身近な企業を応援するのがコツなのです。

生活者株主になってよりよい社会を創っていく

いかがでしょうか。本当の長期投資は、一般的に考えられている「株式投資」とはまったく異なる、ゆったりした世界が広がってくるでしょう。

値が上がりそうな株を買って、ひと儲けするというようなギャンブル感覚はゼロです。あくまで応援企業とともに、ゆっくりと資産をつくっていくというスタンスなので、安心して続けることができるのです。

さらに**本格派の長期投資には、社会を大きく変えるようなパワーがある**ということも、ぜひ知ってほしいと思います。

今の時代、企業の置かれている状況は、とても厳しいです。どこの企業も大株主は年金などを運用する機関投資家で、そこへアクティビストが入ってくることがあります。

アクティビストというのは、企業の株を少しばかり取得して、経営陣にあれこれと意見をする「もの言う株主」です。企業に対して「もっと株価を上げろ」と要求するのです。

彼らは高値になったところで株を売り抜けて、たっぷりと儲けようという魂胆です。株価が上がれば運用成績がよくなるので、機関投資家もアクティビストの行動を黙認します。

大株主の要求に対して、どの企業も拒否することはできません。

株価をつり上げるため、企業みずから、自社株を市場から買い戻したりすることもあります。こうすると株式の総数が減るので、株価は上がります。

また不採算部門を切り捨てるなど、短期で企業利益を上げる努力をさせられることがあるかもしれません。

暮らしを支える存在を守ることができる

たとえば地方にある工場を、採算性が悪いから閉鎖して売却するよう、大株主やアクティビストに要求されたらどうでしょうか。東京の本社がＯＫを出したとしても、その工場は地域で多くの雇用を生み、従業員とその家族が生活をし、出入りの業者もいます。周辺には生活を支える商店や飲食店などもあるでしょう。工場を中心にお金が回り、地域の経済が育まれています。

そういった暮らしそのものが、アクティビストの一言でつぶされてしまってよいのでしょうか。

こういう事態になったとき、私たち生活者は株式投資をするという方法で対抗することができます。

自分たちの生活と地域経済を守るために、それらの地域に住んでいる人たちが、一斉にその会社の株を買って、アクティビストや機関投資家と対峙するのです。

もちろん機関投資家のように大株主にはなれませんが、少しずつでも大勢の人たちで株を買い、声を上げれば影響力が出ます。SNSやマスコミに広がると、さらに注目度が高まり、会社も簡単には工場をつぶしにくくなります。

自分だけが儲けたいアクティビストなどとは違い、自分たちが暮らしている地域を守るという目的ですから、社会の支持を集めるきっかけになるのです。

20年、30年の未来を見据えて

お金をすぐ、楽に、簡単に儲けたいから株を買うという投機の専門家とは違い、本物の長期投資家は、生活者としてよりよい社会を創っていくために株式を買い、企業の経営に影響を与えることができます。

この先、20年後、30年後も私たちの多くは日本に暮らし続けるでしょう。そのとき、豊かで、安全で、暮らしやすい社会であってほしい。そこで共存していく、よい企業に頑張ってほしい。

そういう企業の株を長期的に買い支えて、一緒に未来を創っていくのが、本物の投資家の姿です。もちろん自分の財産づくりにもなりますが、同時に私たちが暮らしたい未来に向かって、お金を投じることができるのです。

こんなにワクワクすることはないと思います。ぜひ、みなさんも長期投資の世界を知って、実践してほしいと思います。

大人女子
投資のまとめ

1
好きな企業の株式を
暴落時に買うのがコツ

2
高値になったら少しずつ売り
投資の収益を受け取ります

3
自分が本当に応援したい
企業を見つけましょう

4
生活者株主として
未来の社会を創っていきましょう

Summary about investment

Column
コラム
体験談

身近な商品から選んだ企業への株式投資でコツコツとお金を育てています

田村晴香さん（32歳・仮名）会社員

月4万円の積み立てで投資資金を準備

私が本格的に株式投資を始めたのは、25歳くらいのときです。もともと父が投資に詳しくて、その影響です。

投資についての基本的な考え方は、自分が応援したい企業を見つけて、その企業の株が安値になったときに買い、高値になったら売るだけです。

初めてだと、株式投資は敷居が高い感じがしますが、実際にやってみると、そんなことはありません。意外と簡単だし、けっこう楽しいです。

株を買おうとすると、やはり資金が必要です。それで、まずはお金を貯めるところから始めました。

証券会社に口座をつくり、毎月の給料から4万円を積み立てていきます。すぐには投資をしないけれど、将来、欲しい株の値段が下がったときに買うための資金をプールしています。いつか来る暴落に備えているわけです。

銀行に入れておくと、ついつかってしまいます。証券口座のお金は絶対に引き出さないようにすると決めて、大事にお金を育てています。

その他のお金においては、まずクレジットカードの引き落としがあるので、普通の銀行口座に多少入れています。また会社で企業型DCをやっているので、そこに月々3000円ずつの積み立て。そして信頼できる独立系の運用会社の投資信託を、毎月1万円ずつ積み立てています。

好きな気持ちだけで企業を選ぶ

普段、なにかものを書いたりするとき、私は昔から三菱鉛筆の「ジェットストリーム」というボールペンの書き味が大好きで、今も愛用しています。将来もずっと、このボールペンの生産を続けてほしいなという気持ちもあって、三菱鉛筆の株式に興味を持ちました。

でも、すぐに株は買いません。当時、三菱鉛筆の株価は１３００円くらいでした。まだ高いなと思ったので、値が下がるのを待つことにしました。

値動きはネットで見ればすぐにわかります。ときどき株価を見て、なかなか下がらないなと思いながら、じっと待っていたんです。

何カ月も待っていたので、証券口座に入れているお金も増えてきます。それでも三菱鉛筆の株価は下がりません。

それで試しに違う会社のことも考えてみようと思い、ストッキングの会社のアツギに注目しました。ストッキングやタイツなどは身近な商品なので、製品のよし悪しがわかります。これはいいなと思ったし、株価もさほど高くなかったので、アツギの株式を買ってみました。

株を買うと、以前よりずっとアツギという会社に愛着心が出てきました。普段から「タイツを買うならアツギにしよう」という気持ちになります。

そうこうしているうちに、あるとき、突然、三菱鉛筆の株価が下がりだしたのです。1300〜1400円くらいのものが、するすると落ちて1100円になりました。

「やったー!」と思いました。企業の業績が悪いとか、なにか理由があるわけでもなく、ただ下がっているので、ラッキーとしか言いようがありません。

1年くらい待って、ようやくよいものを安く買えたので、このときはものすごく気分がよかったです。

よく買う洋服のメーカーに注目

自分の身の回りを見ると、いろんな企業の製品にお世話になっていることがわかります。それで普段、よく服を買っているハニーズホールディングスに注目しました。ハニーズのお店では、会社で着る服がプチプラで買えるので、とても助かっています。

有名なアパレル関連企業は、たとえばユニクロとかしまむらもありますが、株価が高すぎて、とても手が出ません。しまむらの洋服はあんなに安いのに、株価は本当に高いのです。それだけ、みなさんに支持されている会社ということなのでしょう。

それで私はハニーズホールディングスの株価をウォッチしておいて、安くなったところで買いました。あとは、いつも台所洗剤でお世話になっているライオン。

それから、これは父親のすすめで、鉄鋼関係の地味な会社の株を買いました。地味ですが、技術力がすごいんです。日本の物づくりの技術は世界で一番だと思っているので、そういう会社を応援するのはよいことだなと感じています。

年初来の安値をチェックして

株を買うときは、安くなったときを狙います。三菱鉛筆を買うときも長く待ちましたが、待つのも投資のうちと思って、焦らないことが大事です。

でも、どこまで安くなったら買うのか、なかなか見極めが難しいかもしれません。一番の安値を狙って待っていても、それがいつ来るのか、誰にもわかりません。待って待って、「いよいよだ!」と思ったら、急に値段が上がることもあるので不思議です。

それで、すごく欲しいと思っている企業の株なら、私は年初来安値に近くなった段階で、一度、買うようにしています。

そのときも、一度にたくさん買うのではなく、まずは100株買います。さらに下がってきたら、もう100株買い増ししようかな、という感じです。様子を見ながら、少しずつ買うのがいいような気がします。

将来に向けての資産形成を考えると、できれば200株、300株は持っているといいと思います。

配当金などのお楽しみも

株式を持っていると、ちょっとしたラッキーがあります。たとえばライオンなら、年に一度、株主優待として自社製品詰め合わせを送ってくれます。

また私の持っている鉄鋼関係の会社の株は配当金が多いんです。この株はNISA口座で購入したのですが、配当金が2万円入りました。それが丸々もらえて、ちょっと嬉しかったです。

普通なら約2割の税金がかかるのですが、NISAだとそれがないんですね。こういうところで節税効果を感じます。もし株を買わないで、銀行の普通口座に入れていたら、絶対に2万円の利息なんかつかないので、それも投資の力です。

ただし株を持つというのは、企業の応援というのが基本で、これはずっと変わりません。好きな企業の株式が安くなったら買う。株主優待や配当金などは、ちょっとしたオマケという感覚でいます。

将来の夢は大きく持って

全部の株式を今、現金化すると、だいたい100万円くらいです。ちょっと少なくて、お恥ずかしいですが、今後もしっかりと長期投資をして、資産を増やしたいと思っています。そのために、自分なりに節約の努力もしています。

私は地方都市に暮らしているのですが、田舎《いなか》だから車での移動が基本です。でも今はガソリン代も高いので、ちょっとした場所なら自転車で行くようにしています。運動にもなるし、一石二鳥です。

化粧品はできるだけ安いものを買うし、洋服はハニーズ。また普段、よく水を飲むんです。500ミリリットルのペットボトルを買うとコスパが悪いので、2

リットルの水を箱買いして、小分けにして飲んでいます。

今後も毎月、証券口座に4万円を入れて、長期投資を続けたいと思っています。投資には時間と根気が必要なので、20代で始められてよかったと思います。年齢が上がるにつれて、自分の資産もどんどん増えるはずです。

私は一生、自分の足で歩いていきたいので、まず目標としては、40歳で1000万円、50歳で3000万円、60歳で1億円です。ファイナンシャル・インデペンデンスを目指して、これからも楽しくマイペースで頑張っていきたいと思います。

大人女子の
リアルなお悩み解決
Q＆A

- 投資のためのお金が足りない！
- 保険・医療費・住宅はどうする？
- 投資信託をどう活用する？
- 株式投資に挑戦してみたいのですが
- 株式投資を実践してみよう

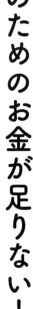

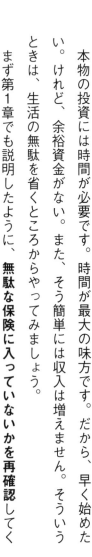

投資のためのお金が足りない！

Q お悩み

投資をしたいけど、余分なお金がありません。

A 解決

本物の投資には時間が必要です。時間が最大の味方です。だから、早く始めたい。けれど、余裕資金がない。また、そう簡単には収入は増えません。そういうときは、生活の無駄を省くところからやってみましょう。

まず第1章でも説明したように、**無駄な保険に入っていないかを再確認**してください。「この保険は、今の自分には必要ない」と判断できたら、躊躇なく解約しましょう。多くの人は、これだけで相当額の余裕資金ができるはずです。「よけいな保険には入っていないけど、やはりお金がない」という人は、ちょっとした実験をやってみましょう。

1カ月間だけ、徹底的に出費を減らし、超節約生活をやってみるのです。それも、ゲーム感覚で。面白半分で、生活コストを徹底的に切り詰めるのです。

帰り道にコンビニに寄ってお菓子を買っていたなら、まずは我慢する。カフェにも入らないし、外食もやめて、ランチはお弁当を持参します。洋服はもちろん買わないし、100円ショップにも立ち寄りません。今月だけは映画などの娯楽も我慢です。

そして1カ月後、いかがでしょうか。びっくりするほど節約できていませんか。実践した人に話を聞くと、「え、こんなにお金が余るとは」と驚きの声が上がります。今までの家計の大半は、実のところ、無駄づかいだったのです。

ここで**再度、家計を見直してみます**。生活実験を通して「これを我慢したのがつらかった」「人生がわびしく感じた」という項目はありませんか？

たとえば「週末においしいケーキを食べるのが楽しみだったのに、やめたら元気が出ない」「月に一度の映画館通いをやめたらつらかった」など、気分的にかなり負担になった節約項目があれば、それは復活させましょう。みなさんの人生にとって重要なことなのですね。

でも、それ以外はばっさりと節約できるはずです。今まで、なんとなくの習慣で続けていた出費は案外と多いのです。浮いたお金で、さっそく本格的な長期投資を始めましょう。

Q お悩み

大学の奨学金の返済をしていて、なかなか余裕資金ができません。人生の中で投資をする時間が少なくなってしまいますが、まずは先に借金を返してから、投資をするというほうがよいでしょうか？

A 解決

奨学金の返済を続けながらも、長期投資に回す資金は捻出できます。先ほど紹介したように、**1カ月間だけの「超節約生活」**を、ゲーム感覚でやってみてください。

そこで、再確認した「削り落としても、どうってことなかった」出費は、そのまま長期投資の資金に回せるはずです。

Q お悩み

32歳の契約社員です。去年、結婚しましたが夫も正社員ではありません。収入が不安定で、コンスタントに積み立てや株の購入をするのは難しいかもしれません。お金に余裕があるときだけ購入するという方法でもよいでしょうか？

A 解決

もちろん、余裕のあるときだけでもいいから、長期投資をやっておきましょう。ただ、余裕のあるときと言っていると、ずっと余裕なしということになりかねません。

そこで、すこし無理してでも**1カ月間だけの「超節約生活」**をやって、余裕資金をひねり出しましょう。とにかく頑張って、ある程度の資金ができてくると、そこからは**複利の雪だるま効果が働きだします**。

そこまでたどり着くと、しめたもの。「あ、こうやればいいんだ」というのがわかって、あとが一気に楽になるでしょう。

Q お悩み

不妊治療をしていますが、なかなか授かりません。子どもがいる家庭と、

夫婦だけの家庭と、それぞれの人生設計におけるお金の準備方法が知りたいです。

A 解決

子どもがいる家庭でも、いない家庭でも、夫婦で得る収入の金額は、それこそ千差万別。どちらが有利とかではなく、とにかく毎月、少しでも多く長期投資に回すようにしましょう。そして、時間のエネルギーを最大限に得ることを心がけましょう。

保険・医療費・住宅はどうする？

Q お悩み

今、子どもは3歳で、将来の学資が心配です。学資保険に入らなくてもよいでしょうか？

A 解決

学資保険は「保険」と「投資」がセットになっている商品です。「保険」については、保険会社が得意とするところですが、「投資」の部分の運用が弱いのです。

また手数料も高額です。

ですから、**親の死亡などに備える保険にのみ入って、「投資」の部分は、本格的な長期投資で資産づくり**をすればよいのです。

子どもが3歳なら、大学の入学金や授業料の支払いまで、あと15年くらいあります。それだけの時間があれば、十分に長期投資ができます。本書をよく読んで、投資信託や株式で運用を進めましょう。

そして、学費が必要な時期になったら、必要な額だけ現金化して支払えばOKです。残りの資金は、そのまま長期の運用を続けて、将来の自分たちの老後資金などにしましょう。

Q お悩み

やはり医療費が心配です。医療保険に加入したほうがよいでしょうか？

A 解決

日本には**高額療養費制度**があり、医療機関や薬局の窓口で支払った金額が、ひと月の上限額を超えた場合、超えた部分の金額を国が支給してくれます（入院時の食費負担や差額ベッド代等は含みません）。

たとえば入院費用が30万円かかったとしても、自己負担額は10万円程度で済むイメージです。年齢や所得によって、この金額は変わりますが、それほど高額の費用はかかりません。日本の国民皆保険制度は思った以上に優秀なのです。

ですから、どうしても医療保険が欲しいという場合は、掛け捨ての安い商品を選び、浮いた資金をぜひ長期投資に回してください。時間とともに資産が増えていきますから、そうしたら保険も不要になります。解約して、さらにそのお金を長期投資に回しましょう。

Q お悩み

この先も一人暮らしが続きそうです。頭金も貯まったので、老後のためにマンションを買いたいのですが、大丈夫でしょうか？

A 解決

今、マンションなどの不動産を買うのは、もっともよくない時期です。ずっとゼロ金利政策が続き、ものすごいカネ余りの世の中となっています。それもあって、株価だけでなく不動産価格もすごく上がっています。

われわれ長期投資家からすると、にわか応援団が「儲けよう」「もっと儲けよう」で、ガツガツ買い群がってきている状況です。こんなときは、「にわか応援団にまかせよう」と言って、売っていくときです。

さらには、マンションなど不動産に関しては、もっと本質的な問題点があります。それは、整理すると以下の3つの問題点です。

1つ目は**収入の心配**です。昔と違って、今は終身雇用もなくなってきており、この先の収入がどうなるかわかりません。かつてのように年齢を重ねるほど、収入が増えるという保障はないのです。

それなのに、若い時期に何千万円もローンを組んでしまうと、固定の負債を長いこと抱えることになり、それがリスクになります。

その点、賃貸住宅なら、収入に合わせた家に住めます。仮に転職をして職場がかわっても、自由に引っ越しできます。

また住宅を買うと固定資産税がかかるし、修繕は自分持ちです。賃貸なら全部、大家さんが支払ってくれるので費用はいりません。結局、賃貸住宅で暮らすのと、住宅を購入して住宅ローンを払っていくのと、かかる費用はほとんど同じです。

2つ目は、**空《あ》き家《や》率の高さ**です。ご存じのように日本は人口減と少子高齢化が進み、家が余っています。総務省の統計によると、2018年の空き家は約840万戸で、空き家率は13.6%。この数値は年々上がっています。

こうなると、家賃もあまり上がらないでしょう。つまり、これからは大家さんよりも、借りる人のほうが、どんどん有利になるのです。

いずれは、マイホーム取得で住宅ローンや固定資産税を払い続けるよりも、ずっと賃貸住宅に住み、家賃を払っていくほうが割安となってくるでしょう。ひと昔前までの日本の人口が増え続けていた時代とは違って、これから人口がどんどん減っていくのです。

3つ目は、**資産運用の可能性をつぶしてしまうこと**です。

家を買うと、最初にまとまった頭金を入れなければなりません。一度、頭金として支払ったお金は手元から離れて、なくなってしまいます。もう投資には回せません。

一方、賃貸に住んでおいて、頭金相当のお金を長期投資に回すと、15年、20年でグッと増えてくれます。増えた資産で老後の住宅を、ゆっくり考えればよいと思います。

定年近くまで賃貸住宅で暮らして、別に長期投資で資金をつくっておきます。

そして、老後に暮らす家を新築でポンと購入する方法もあります。

現役の間は通勤や通学に便利な場所が必要ですが、老後なら田舎でもかまわないので、地代も安くなります。65歳ぐらいで新築の家を手に入れたら、残りの人生ではリフォームの心配もありません。

Q お悩み

すでにマンションを買ってしまいました。変動金利でローンを組みましたが、大丈夫でしょうか？

A 解決

今の段階では、まだ変動金利のほうが有利です。

しかし、近い将来、金利が上がったら、相当に厳しいことになるでしょう。**できるだけ早いうちに固定金利に換えることをおすすめします。**まだ今なら、銀行も対応してくれるでしょう。

今後、金利が上昇しだして、ローン破産などが増え始めたら、どの金融機関でも、住宅ローンへの警戒心が高まるでしょう。

そうなると、もはや固定金利には換えられなくなるかもしれないので、注意が必要です。

投資信託をどう活用する？

Q お悩み

株式投資だけでは、やはり不安です。投資信託と二本立てで資産運用をするのでもよいでしょうか？

A 解決

応援企業の株式を買って、リズムよく売買しながら、別途、ちゃんとした投資信託で毎月の積み立て投資をするというのは、よい方法です。

一番のおすすめは、運用の目的に合わせて、**資金の置き場所を2つに分けるこ**

とです。

老後に備えて自分年金にしたいとか、少しずつでいいから大事に育てていきたいといった資金は、「生活に密着した大事なお金」です。こういうお金は、すべて**本格派の長期保有型の投資信託**で、安心かつ信頼して増やしていきます。

資産のもう一つの置き場所は**株式投資**です。

一部の資金は手元に置いて、自分で本格的な長期の株式投資に挑戦しましょう。それこそ知的ゲームのように楽しみながら、企業の応援投資を展開していくのです。

そのときに、ぜひ守らなければならない大切なルールがあります。それは、**絶対にお金の損得計算をしないこと**です。

この資金が「減ったらどうしよう」とか「なくなったら困る」と計算しだすと、思い切った投資はできません。ですから、最初は「まあいいや」と思える少額の資金で始めるのです。

そのうち、慣れてくると、より大きな資金で思い切った投資が、リズムよくできるようになります。これをリズムよく繰り返すほど、長期投資のリターンも大きくなっていくことに、読者のみなさんはびっくりすると思います。

もう一つは、「このまま増えていくと、住宅ローンを繰り上げ返済できるぞ」といった計算をしないことです。目先のお金が気になり、そういった計算をしだした瞬間、長期のリズムが崩れてしまいます。そして一般的な「儲けたい」投資の世界に引きずり込まれます。

大事なのは、知的ゲームとして長期の株式投資を思い切りよく、かつリズムよく展開していくことです。これができるようになると、いよいよ本物の長期投資家になれるのです。

Q お悩み

退職金をどのように運用していったらいいのか、よい方法を教えてください。

A 解決

一度にまとまった金額が手に入るわけですが、慌てることなく、しっかりとした長期投資の運用に回していきましょう。一番のおすすめは**本格的な長期保有型の投資信託に預けてしまうこと**です。

前のお悩み解決でも書いたように、まとまった退職金、つまり「生活に密着した大事なお金」は、安心し信頼できる投資信託を購入するに限ります。

そのとき手にした退職金で、一度にドンとまとめて投資信託を購入してもいいし、6～10回に分けて毎月の積立購入に回してもよいでしょう。

要警戒なのは、退職金が入ると、それを見て金融機関の営業やファイナンシャルプランナーなどがあれこれと営業してくることです。自分が理解できない商品などは決して買わないように注意してください。

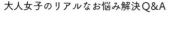

株式投資に挑戦してみたいのですが

Q お悩み

株式投資に挑戦してみたいけど、「危ないから」と家族に止められます。

A 解決

株を買ったら、紙切れになって大損した。そういう物語が、いまだに相当流布しているのですね。

確かに切った張ったの「投機」なら、大損ということがあるかもしれません。

会社がつぶれたら、株価は0円になるので、その可能性がないわけではありません。

また、世の中で一般的な「儲けたい」「お金を増やしたい」で株式市場にどっぷり浸っている投資では、「株でやられた」と嘆く人はいっぱいいます。「儲けよう」「相場に勝ちたい」で上昇相場に飛び込んでいって、逆に相場にはね飛ばされてしまうのです。

しかし、私たちは「投機」をやるわけではありません。あるいは、世の多くの投資家と同じように「儲けよう」「儲けよう」で高値を追っている株式に飛びつき買いなどしません。自分でしっかり観察し、**つぶれっこない企業の株式を「応援」のつもりで買う**のです。それも、みなが売り逃げに走る暴落時に。

この企業がなくなったら、日々の生活に困ってしまう。「いつもお世話になって、ありがたい」という気持ちですから、そもそも買い物を通して、毎日の売り上げにも貢献しているでしょう。そんな企業の株式を買うのですから、何も心配することはありません。

家族がいくら反対しようが、しっかりと自分の目で判断し、投資を実践してください。みなさんが自信満々で長期投資をしていたら、家族や周囲の人たちも見る目を変えてくれるでしょう。

Q お悩み

夫婦でお金についての意見が合いません。どうしたらいいでしょうか。

A 解決

夫婦であっても、それぞれ違う人格なので、意見が違って当たり前。それぞれ、自分が納得したことをやれば、それでOKです。

投資というのは、今の「納得」で行動するものではありません。**今の「不納得」で行動する**のです。

たとえば応援したい企業の株が、相当の安値になっている。あなたはそれを買おうとします。ところが、夫や家族が「そんな安値になっているボロ株なんて、買っちゃダメ」と言ったとします。

そんな株は将来、紙切れになってしまうかもしれないと心配してくれている。

つまり周囲のみんなは不納得なのです。

でも、あなたの頭の中では、明快に答えが出ていると思います。この企業なら安心して応援できると納得しているのですね。

後日、あなたが安値で買った株の値段が上がったとき、やっと夫が納得する。そんなものなのです。

Q お悩み 株式はまとまったお金がないと買えませんか？

A 解決

アメリカの場合は1株から株式が買えますが、日本は基本的には100株からです。この日本の制度もおかしいなと思いますが、まずは仕方ありません。たとえば、応援したい企業の株が１株２０００円の場合、２０００円×１００株＝20万円の資金が必要になります。

自分が気になっている企業、応援したい企業の株価が高すぎるなら、無理に買う必要はありません。もうすでに別の人たちが応援しているので、ここはおまかせする。

あなたは好きな企業の製品を買うなど、別な方法で応援すればよいのです。

株価は企業によって、本当に幅があります。１株数百円、数千円、数万円とさまざまなので、**自分で買える範囲の株価で、応援企業を探してみてください。**

株式投資を実践してみよう

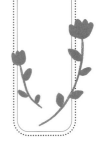

Q お悩み

応援したい企業の株を安値で買いたいです。株価が下がっているとしても、どこまで下がるかわかりません。目安はありますか？

A 解決

応援したい企業の株の「下値の目安」などは、長期投資には存在しない言葉と心しましょう。それを言い出した瞬間、相場追いかけ型の一般の投資になってしまいます。

すると、この下げがどこまで行くのかを気にするばかりで、結局、お金を追いかける一般投資家と同じになります。企業を応援する意思も意欲も、どこかへ消え去ってしまうでしょう。

応援したい企業の株価が大きく売られて下げてきたら、もうどこでもいいのです。**「ここは応援するのだ」と思えたら、そこから買い始めてOKです。**目安として、1週間前までの株価と比べて安価になっているなと思えたらでいいでしょう。それだけでも十分に応援のしがいがあるというものです。

Q お悩み

株は100株から購入できるということですが、最初は何株くらいをめどに購入したらよいでしょうか。また一度に買うのではなく、何度かに分けて買ったほうがよいのでしょうか。

A 解決

大事なのは、長期投資家としての株式投資を実行すること。ですから、先にも書いたように、**株価暴落時などで思い切って買える金額から始めましょう。**

そのうち、長期の株式投資に慣れてくると、より大きな資金を思い切りよく、かつリズムよく買いに回せるようになっていきます。

まずは、本物の長期投資を始めてみることです。

Q お悩み 株式を買ってみましたが、そのまま売らずに持ちっぱなしはダメですか？

A 解決

株式投資には「バイ・アンド・ホールド」という考え方があって、買ったら手放さず、ずっと持っているという人もいます。

でも、長期投資では私たちの社会になくてはならない大切な企業を「応援する」という考え方をします。最初に株式を買うときも、また株主であり続けるときも、その企業を応援しているのですが、もう少しアクティブに行動してもいい。

そう、「こんなにも大事な会社なのに、多くの投資家が情け容赦もなく売っている。だったら、私が応援しましょう」と、暴落相場で断固として買いに行きます。買うときは買うのです。

そのうち、経済情勢や投資環境がよくなってきて、「儲けたい」「儲けたい」の投資家たちが大挙して買ってきたら、こちらは売りを考えるのです。売るときは売る、でいいのです。

株価が上がって、にわか応援団がぞろぞろと出てきたら、ちょっと売ってあげて、応援を一部お休みしましょう。

そして**株価が下がってきたら、また買って応援に力を入れます。**そうやって、リズムよく売買をしたほうが、資産も大きくなるし、次の投資のための準備もできるのです。

Q お悩み

定年間際の59歳です。この年齢で個別株での長期投資は遅すぎませんか？株価が落ちるタイミングと、お金を必要とするタイミングが重なると、生活費が不足しそうで心配です。

A 解決

ここで長期投資の一番大事なところを再確認しましょう。それは、「よりよい世の中を創っていくために、お金に働いてもらう」ことです。

お金にしっかり働いてもらっていれば、投資のリターンはあとからついてくる。それが本物の長期投資です。

つまり、59歳だろうと73歳だろうと、お金には長期投資でゆったりと働いてもらいましょう。そこで重要なのは、**長期投資のリズムを大切にすることです。**

すなわち、株価が大きく下げていて応援買いするときは、断固として買いに行きます。そのうち、にわか応援団が大挙して買ってきたら、応援を彼らにまかすべく売って利益確定していきます。

このリズムは絶対に崩さないこと。その過程で資金が必要になったら、入用分だけ現金化してかまいません。資金に余裕ができてきたら、その時点でどんどん長期投資のリズムに乗せてやるのです。

女性の平均寿命は87歳ですから、59歳なら、残りの人生は28年もあります。長期投資をするには、十分な時間です。自信を持って、取り組んでください。

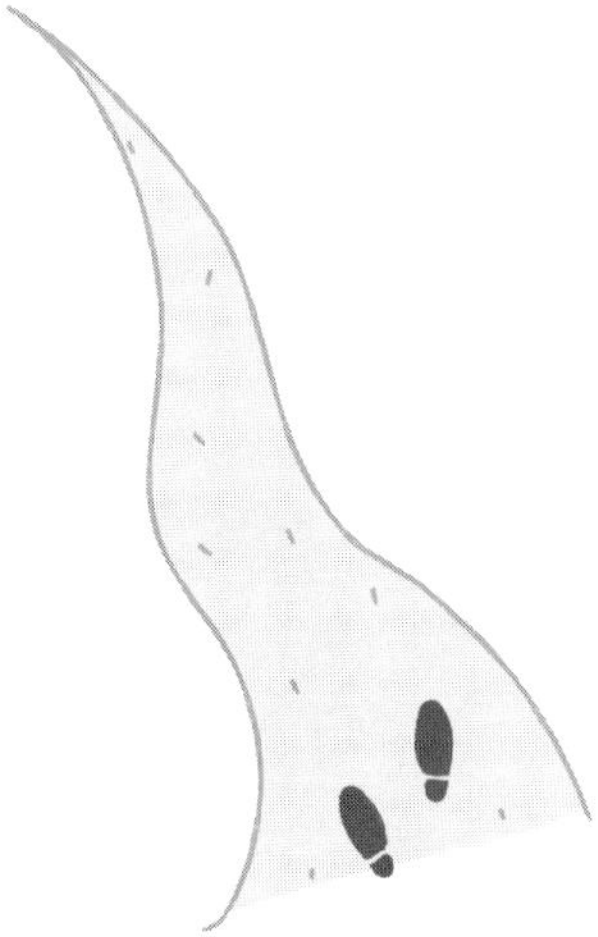

大人女子の

こっそり目標ノート

願いをいつも思い続けていると、

そのとおりに物事が進むことが多いみたいです。

お金も同じ。

目標を持っていれば、必ず増えていきます。

目標を「見える化」して、

具体的にしていきましょう!!

各ページはコピーして使用してもOK

私の夢記入NOTE

あなたの夢を具体的に記入してみましょう。

(例)ハワイで暮らしたい、赤い外車に乗りたい、
億ションを買いたい、犬を飼いたい

夢❶

夢❷

夢❸

夢❹

夢❺

夢❻

貯蓄目標記入NOTE

年齢ごとのお金の目標をアバウトでいいので自由に記入してみましょう。

年齢	貯蓄目標額	合計
歳	円	円
歳	円	円
歳	円	円
歳	円	円
歳	円	円
歳	円	円
歳	円	円

歳	円	円
歳	円	円
歳	円	円
歳	円	円
歳	円	円
歳	円	円
歳	円	円
歳	円	円
歳	円	円

歳	円	円
歳	円	円
歳	円	円
歳	円	円
歳	円	円
歳	円	円
歳	円	円
歳	円	円
歳	円	円

貯蓄目標グラフ

貯蓄目標記入NOTEを棒グラフや折れ線グラフにしてみましょう。
年齢の目盛りは、1歳や5歳刻み、
金額はご自身の目標額に合わせて自由にご記入ください。

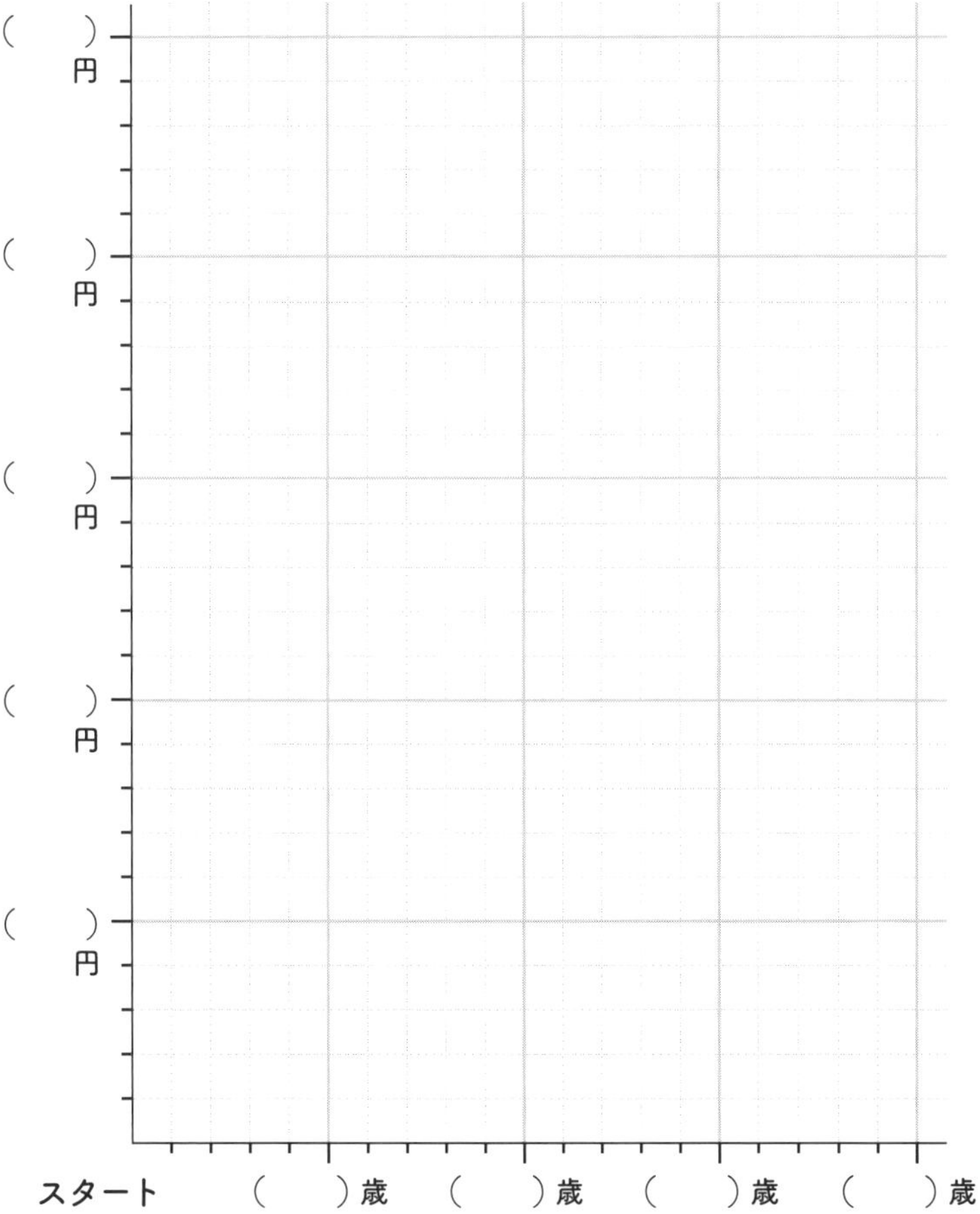

お金が増えたら何につかいたいかリスト

大きな買い物

（例）家、車、海外旅行、保険

いつ	内容	予定額

小さな買い物

（例）洋服、ペット、アクセサリー

いつ	内容	予定額

応援企業を発見する
ワークシート

第4章で紹介した「応援企業を発見するワーク」に使えるリスト表です。
気になる企業名をどんどん書き込み、自分のための長期投資を始めましょう。
応援したい企業名には赤鉛筆、応援しなくてもいいと思った企業名には
青鉛筆で印をつけましょう。気になる理由を追加記入してみてもいいでしょう。

	企業名 （赤・青鉛筆チェック）	気になる理由
1		
2		
3		
4		
5		
6		
7		
8		
9		
10		

	企業名 （赤・青鉛筆チェック）	気になる理由
11		
12		
13		
14		
15		
16		
17		
18		
19		
20		
21		
22		
23		
24		

おわりに

新NISAのスタートで「出遅れたくないけど、どうしたらいいのかわからない」と思っている大人女子の方は多いでしょう。

そんなときだからこそ、本当の長期投資について知ってほしい。私たちも、投資先企業も、そして社会も、みんながハッピーになる金融の世界があるということを知ってほしくて、本書を書きました。

ここまで読んでみて、いかがだったでしょうか。書店の金融コーナーに並んでいる本とは、だいぶ雰囲気が違うのではないかと思います。

このインフレの社会に暮らしているのに、まだ多くの日本人が預貯金ばかりしています。金額にすると約1000兆円です。日本経済の2倍以上のお金を、まったく金利のつかない預貯金にねかせているのです。

今、外国人が日本株を買っているなどといわれますが、たかだか1兆～2兆円程度。1000兆円もの預貯金に比べたら微々たるものです。1000兆円の1割、100兆円でも預貯金から投資へ回ったら、それだけで日本経済は素晴らしく活性化し、元気に動きだします。

特に若い世代の人たちが預貯金だけで安心していては、自分たちの未来は開けない。長期投資を通して、お金に働いてもらい、自分たちが将来、こんな社会に暮らしたいという理想像を追求してほしいと強く思います。

これを別の角度から言うと、「ハッピーな人生を開くための**3段階作戦**」です。

第1段階は、できるだけ多くのお金に働いてもらって、しっかりと資産を増やします。生活の中で無駄づかいしているお金はもれなく長期投資に入れて、時間をかけて育てていきましょう。複利の雪だるま効果を活用することを、いつも意識してください。

そして、このぐらい資産があれば安心という、ファイナンシャル・インデペンデンスの域にまで行ってしまうのです。つまり、年金不安など一切ない経済的な自立状態を達成しましょう。

目標金額は人によってそれぞれ違いますが、一般的には3000万円から1億円の間の金額があれば、ファイナンシャル・インデペンデンスに到達できます。ある程度の時間をかけて、きちんと本格派の長期投資を実践すれば、誰でも間違いなく到達できます。ですからスタートは早ければ早いほどよいのです。

第2段階は、もう自分の経済的な不安は消え去ったのだから、次は世の中へ向けてカッコよくお金をつかうステージです。

一度、ファイナンシャル・インデペンデンスまで行ってしまうと、大人女子のみなさんの資産は複利の雪だるま効果で、どんどん加速して増えていきます。本格的な長期投資で運用している限りは、本当につかいきれないくらい増えるのです。

でも、増えていく資産を抱え込んではいけません。経済というのは、お金をつかうところから始まります。どんどんお金をつかうことで、経済は拡大発展していくのです。

とはいえ、もちろんつかい方は慎重にしましょう。長い時間をかけて育ててきた、自分の大切な資産ですから、よく考えてつかわなければ、お金に申しわけないですね。

いざお金をつかうときは、たとえば文化、教育、芸術、スポーツ、技術開発、寄付、ボランティアなどの分野で、気持ちの満足、心の贅沢を満喫しましょう。

お金というのは、世の中によかれと願ってつかってあげると、「ありがとう」の言葉と一緒に、増えて戻ってきます。

たとえば子ども食堂に寄付をすると、子どもたちに、おいしいものをおなかいっぱい食べてもらえるし、彼らの幸せそうな顔を見れば、自分が頑張って育ててきた資産の意味と価値を実感できると思います。

また音楽家やスポーツ選手に寄付を回すとどうなるでしょうか。音楽家なら、欲しかった楽譜が買えたり、コンサートを開くことができます。スポーツ選手なら、使い古したシューズを新調できて、より高いパフォーマンスが望めるでしょう。

そういったお金は、すぐに消費に回るので、経済活動を拡大し、発展させることができます。

これがまさしく「投資」なのです。寄付は誰かに対する慈善事業ではなく、富の再配分を通して、社会をより公正公平に導いていきます。

そして経済そのものを拡大発展させていく。つまり、私たちが暮らす社会が、より安定して住みやすく、豊かになっていくのです。

第3段階にまで来ると、ファイナンシャル・インデペンデンスを達成したみなさんは、実に堂々と生きています。

そして、自分のことに終始するのではなく、いつも社会を見て「自分は何ができるのだろう」と問いかけ、「これならできるな」と思ったことを、サッと実行する。そんな大人らしい大人になっていくのです。

今の日本の現状を見ると、「年金が不安だ」などとぼやく、しょぼくれた大人たちが多くて、自分のことばかりを心配し、子どもたちに夢や希望を与えてくれません。

そんな社会ですが、私たち、本格派の長期投資家がお金ばかりにとらわれることなく、カッコよく生きている姿を、子どもたちに見せてあげることができるのです。

本当の長期投資の先には、そういったステキな大人たちがたくさん存在する世界が広がっています。しっとりと、潤いのある日本社会を、子どもたちに素晴らしい財産として残していくことができます。

ぜひ一緒に、長期投資で進んでいきましょう。

最後になりましたが、本書を執筆する機会を与えてくださった主婦の友社の石井美奈子さん、構成者の馬場千枝さん、デザイナーの清水洋子さん、編集の菊池企画の菊池真さんに感謝いたします。ありがとうございました。

澤上篤人

【著者】澤上 篤人（さわかみ・あつと）
さわかみホールディングス代表取締役。1971年から'74年までスイス・キャピタル・インターナショナルにてアナリスト兼ファンドアドバイザー。その後'80年から'96年までピクテ・ジャパン代表を務める。'96年にさわかみ投資顧問(現さわかみ投信)を設立。販売会社を介さない直販にこだわり、長期投資の志を共にできる顧客を対象に、長期保有型の本格派投信「さわかみファンド」を'99年から運営している。同社の投信はこの1本のみで、純資産は約4000億円、顧客数は11万5000人を超え、日本における長期投資のパイオニアとして熱い支持を集めている。著書多数。

【構成】馬場千枝（ばば・ちえ）
フリーライター。1991年より雑誌媒体でのインタビュー、生活・育児・健康など幅広いテーマで執筆。10年ほど前から長期投資に興味を持ち、ユニークな直販投信会社のあり方、その顧客たちである長期投資家のライフスタイルを研究する。著書に『月1万円からできる人生を変えるお金の育て方』(主婦の友インフォス)など多数。

【STAFF】
装丁・本文デザイン・DTP／清水洋子
協力／Shutterstock、浅野麗奈、荒井祥子、伊藤静、太田洋子、川上愛、木村朱莉、工藤舞美、窪田恵、佐藤由麻、下島美羽、高橋美由紀、遠山奈央、内藤美帆、野沢麻衣子、橋本恵梨香、平井怜、松本紀子、武藤絵梨、安田智恵、渡辺愛美
編集／菊池企画
企画プロデュース／菊池 真
編集担当／石井美奈子（主婦の友社）

（注）
●本書は投資手法の一部分の情報提供を目的としたものですので、売買に関する意思決定はご自身の責任において行われますようお願いいたします。投資におけるいかなる損失、結果について、当社および著者は一切の責任を負いません。
●本書内の情報は2023年10月～2024年2月時点のものです。内容は変更になることがあります。

一生安心《いっしょうあんしん》したいから「大人女子《おとなじょし》、投資始《とうしはじ》めます」
2024年4月20日　第1刷発行

著　者　澤上篤人《さわかみあつと》
発行者　平野健一
発行所　株式会社主婦の友社
〒141-0021　東京都品川区上大崎3-1-1 目黒セントラルスクエア
電話　03-5280-7537（内容・不良品等のお問い合わせ）　049-259-1236（販売）
印刷所　大日本印刷株式会社
　ISBN978-4-07-459313-2